DOMINIQUE ASIE

Presse africaine: de la liberté de la presse à la presse de la liberté

DOMINIQUE ASIE

Presse africaine: de la liberté de la presse à la presse de la liberté

Dictus Publishing

Imprint

Any brand names and product names mentioned in this book are subject to trademark, brand or patent protection and are trademarks or registered trademarks of their respective holders. The use of brand names, product names, common names, trade names, product descriptions etc. even without a particular marking in this work is in no way to be construed to mean that such names may be regarded as unrestricted in respect of trademark and brand protection legislation and could thus be used by anyone.

Cover image: www.ingimage.com

Publisher:
Dictus Publishing
is a trademark of
Dodo Books Indian Ocean Ltd. and OmniScriptum S.R.L publishing group

120 High Road, East Finchley, London, N2 9ED, United Kingdom
Str. Armeneasca 28/1, office 1, Chisinau MD-2012, Republic of Moldova, Europe
Managing Directors: Ieva Konstantinova, Victoria Ursu
info@omniscriptum.com

Printed at: see last page
ISBN: 978-620-2-47985-1

ASIE Dominique de Marseille

Presse africaine : de la Liberté de la Presse à la Presse de la Liberté

«La Presse est l'arme la plus Puissante de la Démocratie».

ASIE Dominique de Marseille

Presse africaine : de la liberté de la presse à la presse de la liberté

«La Presse est l'arme la plus Puissante de la Démocratie».

SOMMAIRE

Suivez mon regard !

A Christian Martial POSS, voici rêvé le rêve de ton rêve pour que tu réalises que l'homme n'est pas un pusillanime.

Que Simplice MATOUREL comprenne que ses pérégrinations ont conduit au monde de la bibliophilie.

A tous mes anciens camarades de la 52e demeure à la Maison d'arrêt de Brazzaville, vous avez compris que la promesse a été tenue.

A mes chers collègues journalistes : voici l'ouvrage qui synthétise nos joies et nos peines dans ce métier, à la fois noble et ingrat.
Qui parmi nous osera lever le doigt, si à un moment donné, il n'a pas exprimé son mécontentement face à l'ultracrépidarianisme de certains journalistes congolais dans l'exercice de leur profession.

Aux chers collègues journalistes africains !

À vous, acteurs dévoués et intrépides,

Je vous invite à vous armer de nouveau de vos outils de la libre expression,

car le moment est venu d'engager un nouveau combat : celui de toutes les libertés, essentielles à la survie de l'humanité.

Vous êtes les gardiens de la vérité, les porte-voix des sans-voix et les témoins courageux d'une réalité souvent troublée.

Votre engagement, parfois au péril de votre vie, pour faire jaillir la justice et défendre les droits fondamentaux de chacun, constitue un acte de bravoure qui mérite notre plus profonde reconnaissance.

Que ce message soit un hommage à votre détermination inébranlable,

à votre quête constante d'informations et à votre résilience face aux obstacles.

À travers vos combats, vous contribuez à façonner le monde tout en rappelant chaque jour l'importance de la vérité.

Je suis réconforté par votre courage, votre intégrité et votre passion inébranlable.

ASIE Dominique de Marseille

(Journaliste – Congo)

PRÉFACE

Dans un continent riche de diversité et d'histoire, la presse s'est avérée être un acteur incontournable dans la construction des sociétés africaines modernes. Ce livre, *Presse africaine : de la liberté de la presse à la presse de la liberté*, se propose d'explorer ce parcours essentiel, révélant comment les médias ont évolué en réponse aux défis politiques, sociaux et culturels qui ont jalonné le chemin tumultueux de l'Afrique au cours des dernières décennies.

Loin d'être un simple réceptacle d'informations, la presse a été un véritable acteur de transformation. Durant la lutte pour l'indépendance, elle a su galvaniser les consciences, éveillant les aspirations d'un peuple assoiffé de liberté et de dignité. Elle a dénoncé les abus, porté les voix marginalisées et jeté les bases d'une identité nationale forte. Cependant, après les indépendances, face à des régimes souvent autoritaires, la presse a été contrainte de redéfinir son rôle, passant d'une défense de sa propre liberté à un engagement plus large en faveur des droits et des libertés de toute la société.

À travers une analyse approfondie, ce livre met en lumière les évolutions, les luttes, et les sacrifices des journalistes qui, en première ligne, ont risqué leur vie pour défendre la vérité et la justice. Les récits de ces héros méconnus rappellent à quel point la liberté de la presse est indissociable de la liberté de tous. La presse n'est pas seulement un miroir de la société ; elle en est aussi un acteur dynamique, capable d'impulser des changements significatifs.

Ce texte s'inscrit également dans un contexte contemporain où les défis persistent et se transforment. À l'ère de la désinformation et des menaces pesant sur la liberté d'expression, il est impératif de réaffirmer l'importance d'un journalisme libre, responsable et engagé. Ce livre invite chaque lecteur à réfléchir sur le rôle fondamental de la presse dans la promotion des valeurs démocratiques et des droits humains, et à contribuer à la construction d'un avenir où la liberté de la presse est non seulement respectée, mais célébrée.

Nous espérons que ce voyage à travers l'histoire de la presse africaine suscitera des réflexions, des débats et, surtout, une volonté collective de défendre cette précieuse liberté. En investissant dans une presse libre et engagée, nous participons tous à l'édification d'une société plus juste, équitable et démocratique.

Bienvenue dans cette exploration passionnante de la presse africaine, témoin et acteur d'une quête inébranlable pour la liberté.

INTRODUCTION

L'Afrique, tout au long de son histoire moderne, a été le théâtre de luttes intenses pour l'émancipation et la souveraineté. Parmi les acteurs essentiels de ces mouvements, la presse a joué un rôle crucial en tant que vecteur d'information, d'éveil des consciences et de mobilisation des masses. En effet, durant la période de décolonisation, la presse a non seulement dénoncé les abus des colonisateurs, mais elle a également œuvré pour la promotion des valeurs de liberté, de justice et de dignité humaine. Elle a servi de plateforme pour les idées de résistance et d'auto-défense, permettant à des voix souvent marginalisées de se faire entendre. Les journaux, revues et autres supports d'information ont contribué à façonner une identité nationale et à galvaniser des mouvements en faveur de l'indépendance.

Cependant, une fois les indépendances acquises, le paysage politique africain a connu une transformation significative. Les nouvelles élites africaines, qui avaient pris le relais des anciens colonisateurs, se sont souvent heurtées aux attentes croissantes des citoyens pour une gouvernance responsable et participative. Ce changement de paradigme a entraîné des défis sans précédent pour la presse, qui se retrouvait confrontée à des régimes souvent autoritaires, désireux de contrôler l'information et de museler les voix critiques. Dans ce contexte, la presse a dû réorienter son combat, passant d'une lutte pour sa propre liberté à un engagement plus large en faveur des droits et libertés de toute la société. Cette évolution est d'une importance capitale, car elle souligne le rôle de la presse non seulement comme un observateur, mais aussi comme un acteur engagé dans la construction de démocraties solides.

Ainsi, la problématique centrale de cet essai se pose comme suit : comment la presse a-t-elle évolué de la lutte pour sa propre liberté à celle pour la liberté de toute la société ? Cette question soulève des enjeux fondamentaux concernant le rôle de la presse dans la consolidation des démocraties africaines et la protection des droits humains. Elle interroge également la capacité de la presse à s'adapter aux nouvelles réalités politiques et sociales, tout en restant fidèle à sa mission originelle de défense de la vérité et de justice.

Pour traiter cette problématique, nous explorerons d'abord le rôle de la presse dans la décolonisation, en mettant en lumière son action déterminante pour l'émancipation des peuples africains. Ensuite, nous analyserons les défis auxquels elle a été confrontée après l'indépendance, notamment face aux nouvelles autorités et aux attentes des citoyens. Dans un troisième temps, nous examinerons l'évolution de sa mission allant de la défense de sa propre liberté à celle de la liberté de l'ensemble de la société, illustrée par des exemples concrets de journalistes engagés. Enfin, nous conclurons en réfléchissant sur l'avenir de la presse africaine, désormais engagée dans un combat pour les libertés de tous, et en proposant des pistes pour renforcer son rôle dans la société contemporaine.

Cette introduction vise ainsi à poser les bases d'un débat essentiel sur la place et la fonction de la presse dans le processus de transformation sociale et politique en Afrique, tout en soulignant la nécessité d'une presse libre et responsable pour garantir un avenir démocratique.

PREMIERE PARTIE

De la liberté de la Presse

Chapitre 1

La presse comme acteur de la décolonisation

1.1 Contexte historique

La décolonisation de l'Afrique, qui a pris de l'ampleur après la Seconde Guerre mondiale, est un phénomène complexe et multidimensionnel. Elle est le résultat d'une confluence de facteurs politiques, économiques et socioculturels. Les puissances coloniales, affaiblies par la guerre et confrontées à la montée des mouvements nationalistes, ont commencé à accorder une attention plus franche aux revendications d'indépendance des peuples colonisés. Entre les années 1950 et 1970, une majorité des pays africains ont obtenu leur indépendance, marquant ainsi un tournant historique dans le rapport de force entre l'Afrique et l'Occident.

Les leaders africains, tels que Kwame Nkrumah au Ghana, Jomo Kenyatta au Kenya, et Léopold Sédar Senghor au Sénégal, ont joué un rôle déterminant dans cette lutte pour l'émancipation. Ils ont mobilisé les masses autour d'une vision de souveraineté nationale, en utilisant des stratégies variées allant des manifestations pacifiques à la lutte armée. Ces figures emblématiques ont compris que la décolonisation ne se limitait pas à la libération politique, mais devait également inclure une lutte pour la dignité et l'identité culturelle des peuples africains.

Dans ce contexte, la presse s'est révélée être un acteur essentiel. Elle a servi de canal d'expression pour les idées nationalistes, permettant aux leaders de communiquer leurs visions et de galvaniser des soutiens populaires. Les journaux et autres publications ont non seulement diffusé des informations sur les mouvements de lutte, mais ont également joué un rôle éducatif en sensibilisant la population aux injustices du colonialisme. Grâce à la plume de journalistes et d'écrivains engagés, des discours visant à revendiquer des droits civiques et politiques ont émergé, forgeant ainsi une conscience collectivement ancrée dans la lutte pour la liberté.

1.2 La quête de la liberté de la presse

Alors que la lutte pour la décolonisation se renforçait, la question de la liberté de la presse est rapidement devenue centrale. En effet, les journalistes et les éditeurs africains ont dû naviguer dans un environnement hostile, où la tutelle coloniale cherchait à contrôler l'information et à étouffer toute voix dissidente. La censure était omniprésente : les publications qui critiquaient ouvertement les politiques coloniales étaient souvent interdites, et les journalistes essayaient de contourner ces restrictions par des moyens créatifs. Cette lutte contre la tutelle coloniale a été marquée par des actes de courage et de détermination qui méritent d'être mis en lumière.

L'émergence d'une presse engagée

L'émergence d'une presse engagée et militante est l'une des réponses les plus significatives à cette répression. Des journaux comme L'Intransigeant en Côte d'Ivoire, Le Miroir au Sénégal, ou La Nation au Ghana, ont vu le jour, animés par des journalistes déterminés à défendre la vérité et à porter la voix de leurs compatriotes. Ces publications ont souvent été à l'avant-garde des luttes pour les droits civiques, dénonçant les abus, mobilisant les populations, et plaidant pour une vision d'un avenir post-colonial où la liberté de la presse serait garantie.

Ces journaux ont non seulement informé le public, mais ils ont également servi de plateformes pour des débats essentiels sur l'identité nationale et les aspirations collectives. Par exemple, L'Intransigeant a joué un rôle crucial en dénonçant la discrimination raciale et en plaidant pour l'égalité des droits, tandis que *Le Miroir* a utilisé ses colonnes pour inviter à la réflexion sur les valeurs démocratiques et les responsabilités citoyennes. Ces publications ont contribué à façonner une conscience nationale, permettant aux citoyens de se projeter dans un avenir où ils pourraient exercer pleinement leurs droits.

La presse comme forum de débat politique

Cette presse engagée a également joué un rôle vital dans l'enrichissement du discours politique. En donnant la parole aux intellectuels, aux activistes, et aux citoyens ordinaires, elle a contribué à la formulation d'un projet de société qui allait au-delà de la simple indépendance politique. Des débats autour de la démocratie, des droits de l'homme, et de la justice sociale ont commencé à émerger dans les colonnes de ces publications, affirmant l'importance d'une presse libre comme pierre angulaire de toute société démocratique.

Les journalistes se sont ainsi transformés en défenseurs de l'opinion publique, dénonçant les abus de pouvoir et appelant à la transparence. Grâce à leurs enquêtes, ils ont révélé des scandales de corruption au sein des institutions coloniales, incitant les populations à exiger des comptes. Cette capacité à informer et à mobiliser a permis à la presse de devenir un acteur central des luttes pour la liberté et la justice.

Une conscience sociale et politique

L'impact de cette presse engagée ne se limite pas à la sphère politique. Elle a aussi façonné les mentalités et sensibilisé les populations aux enjeux sociétaux. En relayant des histoires de victimes d'injustices, en exposant les scandales de corruption, et en plaidant pour la justice sociale, la presse a transformé l'information en un outil de mobilisation et de résistance. Les mouvements populaires qui ont émergé à cette époque, souvent catalysés par des reportages courageux, témoignent de la force de la parole médiatique dans la construction d'une conscience collective. Par exemple, les reportages sur les conditions de vie des travailleurs agricoles ou des mineurs ont suscité des débats sur l'exploitation et les droits du travail. Les journalistes n'hésitaient pas à se rendre sur le terrain pour documenter ces injustices, contribuant ainsi à un éveil des consciences et à une solidarité entre différentes communautés. Ce faisant, la presse a non seulement informé mais aussi inspiré des actions concrètes, créant un élan vers la justice sociale.

**La lutte pour la liberté de la presse comme élément central
de la décolonisation**

En somme, la lutte pour la liberté de la presse s'est intégrée de manière indissociable à la quête d'indépendance de l'Afrique. La presse, en se battant pour sa propre liberté, a non seulement contribué à la décolonisation, mais elle a également jeté les bases d'un avenir où elle serait un instrument de défense des droits et des libertés. Cette période a vu naître des journalistes qui ont compris que la vérité, bien que parfois douloureuse, est essentielle pour construire une société juste.

Cette quête de liberté a également engendré une solidarité entre les journalistes, qui ont partagé des informations et des stratégies pour contourner la censure. Des réseaux de soutien se sont formés, permettant une circulation plus libre des idées et des informations, même dans un contexte répressif. Ces liens ont renforcé la notion que la lutte pour la liberté de la presse est une lutte collective, visant non seulement à protéger les journalistes, mais aussi à garantir un accès à l'information pour tous.

La presse ne se contente pas de relater les événements ; elle en est un acteur à part entière, forgeant l'âme de la décolonisation et ouvrant la voie à une Afrique libre et responsable. Le combat pour la liberté de la presse, alors, devient le reflet d'un plus grand désir de justice et d'équité, rendant la presse indispensable dans l'épanouissement des sociétés démocratiques africaines. En défendant la liberté de la presse, les journalistes ont non seulement pavé la voie vers l'indépendance, mais ils ont également établi un cadre pour la gouvernance responsable et la justice sociale, qui demeurent des défis contemporains sur le continent.

Chapitre 2

Les défis post-indépendance

2.1 Les nouveaux enjeux de la gouvernance

La période qui a suivi l'indépendance des pays africains a été marquée par une transition vers l'auto-gouvernance. Une fois les chaînes du colonialisme brisées, il devenait impératif pour les nations nouvellement indépendantes de construire des institutions politiques solides qui garantiraient une gouvernance efficace et responsable. L'importance de la bonne gouvernance est devenue un thème central dans les discours politiques et économiques, car elle est souvent perçue comme un facteur clé pour le développement durable et la stabilité à long terme. La bonne gouvernance se réfère à un ensemble de principes, notamment la transparence, la responsabilité, l'état de droit et la participation citoyenne. Les dirigeants africains de l'époque comprenaient que pour gagner la confiance de leurs citoyens et établir des sociétés démocratiques, ils devaient s'engager à respecter ces normes.

La construction d'institutions politiques solides

Dans ce contexte, les pays nouvellement indépendants ont commencé à investir dans la création de structures gouvernementales qui pouvaient soutenir une gouvernance démocratique. Cela impliquait la mise en place de constitutions, d'institutions judiciaires et de mécanismes de contrôle et d'équilibre. Les leaders africains, conscients des défis à venir, ont cherché à établir des systèmes de gouvernance qui permettraient non seulement de gérer efficacement les affaires publiques, mais aussi de promouvoir l'engagement civique des citoyens.

Cependant, la tâche était ardue. Les institutions héritées du colonialisme étaient souvent inadaptées aux réalités locales et nécessitaient des réformes profondes pour répondre aux attentes de la population. Dans de nombreux cas, les sociétés africaines étaient marquées par des divisions ethnolinguistiques, des inégalités économiques et des tensions sociales qui compliquaient davantage cette transition vers une gouvernance inclusive.

Les défis de la gouvernance

Cependant, l'émergence de nouveaux leaders africains a également apporté son lot de défis. Bien que certains dirigeants, comme Julius Nyerere en Tanzanie et Nelson Mandela en Afrique du Sud, aient incarné des idéaux de justice sociale et d'inclusion, d'autres se sont rapidement tournés vers des pratiques autoritaires, considérant souvent la démocratie comme un obstacle à leur vision du développement national. Ces nouveaux gouvernants, parfois issus des mouvements de libération, ont parfois reproduit les pratiques néocoloniales, cherchant à renforcer leur pouvoir tout en limitant les libertés politiques et les droits de l'homme.

La concentration du pouvoir entre les mains d'un petit groupe d'individus a conduit à l'instauration de régimes autoritaires dans plusieurs pays. Des leaders comme Mobutu Sese Seko en République Démocratique du Congo et Gnassingbé Eyadéma au Togo ont souvent justifié la répression et la censure par un prétendu besoin de stabilité nationale, négligeant ainsi les principes de la démocratie. Ces pratiques ont engendré un climat de méfiance, tant envers les gouvernants qu'envers les institutions nouvellement établies.

Les nouvelles attentes des citoyens

Les attentes des citoyens ont changé : après des décennies de lutte pour l'indépendance, les populations espéraient des changements tangibles et une amélioration de leurs conditions de vie. Elles aspiraient à une gouvernance qui valorise la participation, la justice sociale et l'égalité. Dans ce contexte, les mouvements sociaux et les organisations de la société civile ont commencé à jouer un rôle crucial en tant que contre-pouvoirs, appelant à plus de transparence et de responsabilité de la part des dirigeants.

Des manifestations populaires, souvent inspirées par les luttes pour les droits civiques, ont été déclenchées pour revendiquer des réformes politiques et économiques. Les citoyens demandaient la fin de la corruption, l'amélioration des services publics, et la mise en place de processus électoraux transparents. La presse, bien que souvent réprimée, a également joué un rôle clé en relayant ces revendications et en stimulant le débat public autour de la gouvernance.

L'importance de la bonne gouvernance
Finalement, le débat autour de la bonne gouvernance a pris de l'ampleur sur le continent africain. De nombreux pays ont commencé à adopter des politiques et des initiatives visant à améliorer la transparence et la responsabilité. La mise en œuvre de mécanismes de reddition de comptes, tels que la création de commissions anti-corruption et l'introduction de lois sur la liberté d'information, a été encouragée par la communauté internationale, ainsi que par des acteurs locaux déterminés à faire avancer le progrès social.

Cette quête de bonne gouvernance est devenue un élément essentiel pour attirer les investissements étrangers et stimuler le développement économique. Les gouvernements qui réussissent à établir des institutions solides, à lutter contre la corruption et à promouvoir l'engagement civique sont souvent perçus comme plus susceptibles de réussir sur la scène internationale.

En somme, la période post-indépendance a été marquée par la rencontre entre des aspirations citoyennes croissantes et la nécessité d'établir des systèmes de gouvernance durables. Les défis rencontrés par les gouvernements africains, tant sur le plan structurel que sociétal, ont mis en lumière l'importance d'une gouvernance efficace et responsable. Cela souligne également le rôle crucial de la presse et de la société civile dans la promotion d'une culture démocratique et d'une véritable participation citoyenne, qui sont indispensables à la construction d'une Afrique libre et prospère.

2.2 Le rôle de la presse dans la gestion de la chose publique

Dans ce contexte politique complexe, la presse a la responsabilité cruciale d'agir en tant que garde-fou de la démocratie et de la bonne gouvernance. Après avoir obtenu leur indépendance, les citoyens africains avaient des attentes élevées en matière de participation à la gestion de la chose publique. Ils souhaitaient non seulement être informés des décisions politiques, mais aussi avoir une voix dans le processus décisionnel. La presse, en tant qu'instrument d'information, est devenue un canal vital pour exprimer ces attentes.

La presse comme catalyseur de la voix citoyenne

La presse a joué un rôle de catalyseur de la voix citoyenne, facilitant les débats publics sur des questions essentielles telles que la corruption, les droits de l'homme et les politiques économiques. En exposant les abus de pouvoir et en encourageant une culture de responsabilité, elle a permis aux citoyens de prendre conscience des dynamiques qui influençaient leur vie quotidienne. Les médias ont ainsi servi de plateforme pour des révélations essentielles, permettant de faire éclater des vérités souvent cachées.

Des journalistes se sont engagés à enquêter sur des affaires de corruption au sein des gouvernements, révélant des scandales qui auraient autrement échappé à l'attention du public. Ces investigations ont non seulement permis de tenir les dirigeants responsables, mais elles ont également incité la population à revendiquer des changements. Par exemple, des enquêtes sur la mauvaise gestion des ressources publiques ont conduit à des mouvements de contestation qui ont secoué l'ordre établi, prouvant ainsi que la presse peut être un moteur de changement social.

La presse a également apporté une voix aux groupes marginalisés, garantissant que leurs préoccupations soient entendues. Des initiatives journalistiques ont permis de mettre en lumière les problèmes auxquels sont confrontées certaines communautés, qu'il s'agisse de questions sociales, économiques ou environnementales. En donnant une visibilité à ces luttes, la presse a contribué à forger une conscience collective autour de la nécessité d'une gouvernance inclusive.

Les défis et les risques pour les journalistes

Cependant, cette mission de la presse n'a pas été sans risques. De nombreux journalistes ont été confrontés à des menaces, à l'intimidation et, dans certains cas, à l'incarcération pour avoir osé critiquer les autorités. Les gouvernements, craignant que des reportages négatifs ne nuisent à leur légitimité ou à leur pouvoir, ont souvent réagi par des mesures répressives, allant jusqu'à la censure et à la violence. Ces pressions ont forcé de nombreux journalistes à opérer dans un climat de peur constante, où l'exercice de leur métier pouvait mettre en péril leur sécurité personnelle. Des exemples concrets illustrent cette réalité. En 2016, la journaliste malawienne Mphatso Daka, connue pour ses enquêtes sur la corruption gouvernementale, a été menacée de mort après avoir exposé des détournements de fonds. De même, au Burundi, le journaliste Pierre Claver Mbonimpa a été emprisonné pour avoir révélé des abus des droits de l'homme. Ces incidents mettent en lumière le prix que certains journalistes sont prêts à payer pour leur engagement envers la vérité et la justice.

Malgré ces défis, la presse est demeurée résiliente. Dans plusieurs pays, des syndicats de journalistes et des organisations de défense des droits de l'homme se sont mobilisés pour protéger la liberté d'expression et soutenir leurs collègues en difficulté. Des initiatives de formation ont également vu le jour, visant à renforcer les capacités des journalistes face aux pressions politico-sociales. En organisant des ateliers sur les techniques d'investigation et la protection des sources, ces organisations contribuent à bâtir une presse plus forte et plus indépendante.

Mobilisation de l'opinion publique et engagement civique

La presse, par sa capacité à mobiliser l'opinion publique, a également encouragé l'engagement civique. Elle a sensibilisé les citoyens à l'importance de leur participation dans les processus démocratiques, en les incitant à voter, à s'impliquer dans des initiatives communautaires et à défendre leurs droits. Des campagnes médiatiques ont été lancées pour informer le public sur l'importance du vote, tout en dénonçant les fraudes et les irrégularités lors des élections.

Les médias ont également joué un rôle clé lors des élections, en fournissant des analyses des programmes des candidats et en organisant des débats. Ces initiatives ont permis d'élever le niveau de connaissance politique de la population, favorisant ainsi une culture d'engagement. Dans des pays comme le Ghana, des initiatives de vote informé ont été mises en place par des groupes de médias, contribuant à une élection plus transparente et participative.

En outre, la presse a encouragé la création de forums communautaires où les citoyens peuvent discuter des enjeux locaux. Ces espaces de dialogue permettent aux citoyens de s'exprimer sur leurs préoccupations et de proposer des solutions, renforçant ainsi la démocratie participative. En facilitant ces échanges, la presse joue un rôle essentiel dans la construction d'une société civile active et engagée.

Une redéfinition du rôle de la presse

En conclusion, les défis post-indépendance ont nécessité une redéfinition du rôle de la presse en Afrique. Dans un environnement politique complexe, la presse a dû s'affirmer comme un acteur clé dans la promotion de la bonne gouvernance et la défense des droits des citoyens. En agissant comme un catalyseur de la voix citoyenne, elle a contribué à l'émergence d'une culture politique où la participation démocratique et la transparence sont des valeurs essentielles à préserver.

La presse est interconnectée avec les aspirations du peuple africain et son rôle crucial dans la consolidation des démocraties sur le continent. Dans un monde où l'information circule à une vitesse fulgurante, la presse reste un pilier fondamental pour garantir que les voix de tous les citoyens soient entendues et que leurs droits soient protégés. En ce sens, la presse n'est pas seulement un observateur des événements politiques, mais elle est un acteur engagé dans la construction d'une société civile active et résiliente, prête à défendre les idéaux de justice, d'égalité et de démocratie.

L'avenir de la presse en Afrique dépendra de sa capacité à s'adapter aux évolutions technologiques et aux nouvelles formes de communication tout en préservant son rôle traditionnel d'informateur et de critique. En renforçant son indépendance et en protégeant ses journalistes, la presse pourra continuer à jouer un rôle déterminant dans la gestion de la chose publique et dans la construction d'un avenir démocratique pour le continent.

La presse de la liberté

3.1 Évolution de la lutte de la presse

Au fil du temps, la presse africaine a connu une transformation significative dans sa mission et ses objectifs. Ce chapitre examine l'évolution de la lutte de la presse, qui s'est déplacée d'une concentration sur la liberté de la presse en tant que droit fondamental à une défense plus large de la liberté de la société dans son ensemble.

Les débuts : la lutte pour la survie et la liberté d'expression

Dans les premières années post-indépendance, la majorité des organes de presse étaient principalement préoccupés par leur propre survie et leur liberté d'expression, souvent sous la menace de répression gouvernementale. À cette époque, les pays africains, fraîchement émancipés du colonialisme, se débattaient pour établir des institutions démocratiques solides. Les journalistes, armés de la conviction que l'information est un droit fondamental, faisaient face à des défis considérables. La lutte pour la liberté de la presse était alors perçue comme une condition préalable à l'épanouissement d'une démocratie.

Les gouvernements naissants, encore instables, étaient souvent sur la défensive. Les journalistes, en exerçant leur métier, cherchaient à dénoncer les injustices et à exiger des droits fondamentaux, tels que le droit à la vérité, la transparence et l'accès à l'information. Des organes de presse comme La Nouvelle Expression au Cameroun ou Le National au Zimbabwe ont vu le jour, mais souvent sous des menaces de censure ou d'intimidation. Les premières tentatives de créer une presse libre et indépendante ont été confrontées à de lourdes répressions.

L'intimidation des journalistes était courante. Des cas de journalistes arrêtés, emprisonnés ou même tués pour avoir critiqué le pouvoir ont été signalés dans plusieurs pays. Cette atmosphère de peur. Par exemple, Deyda Hydara, un journaliste gambien, a été abattu en 2004 en raison de ses critiques du gouvernement. Ces événements tragiques ont exacerbé la détermination des journalistes à revendiquer leur droit à la liberté d'expression. Dans ce contexte, la survie de la presse était souvent synonyme de lutte pour la liberté, une bataille qui a mobilisé des journalistes et des éditeurs à travers le continent.

Une lutte redéfinie face à l'autoritarisme croissant

Cependant, au fur et à mesure que les gouvernements africains devenaient de plus en plus autoritaires, cette lutte a pris une nouvelle dimension. Face à des régimes qui perpétuaient la corruption, l'inégalité et les violations des droits de l'homme, la presse a réalisé que son combat ne pouvait plus se limiter à la protection de ses propres prérogatives. Elle devait désormais s'engager dans une lutte plus large pour la liberté de la société, impliquant la défense des droits de l'homme, la justice sociale et l'égalité.

Ce changement de perspective a été catalysé par une série d'événements marquants : les mouvements populaires de contestation, les crises économiques, et les révoltes sociales ont montré à quel point les voix des citoyens étaient essentielles pour exiger des réformes. La presse a compris qu'elle devait devenir un bouclier pour les droits de l'homme, la justice sociale, et l'égalité. Des journalistes comme Mamadou Koulibaly en Côte d'Ivoire et Nadine Gassama au Sénégal ont commencé à documenter non seulement les abus des gouvernements, mais aussi les luttes des mouvements sociaux pour l'égalité et la dignité. Ces journalistes ont élargi leur champ d'action pour aborder des sujets de société tels que la lutte contre la pauvreté, l'accès à l'éducation, et les droits des femmes.

Une adoption de positions militantes

Cette transformation s'est reflétée dans les discours et les pratiques journalistiques. Les médias ont commencé à adopter des positions plus militantes, en mettant en avant les voix des opprimés et des marginalisés. Les journalistes ont élargi leur champ d'action, s'emparant de thèmes tels que la gouvernance, le développement durable, et la lutte contre la pauvreté. Les reportages ne se limitaient plus à relater des faits, mais cherchaient également à inspirer des changements sociaux.

Les médias ont également commencé à jouer un rôle éducatif, sensibilisant les citoyens sur leurs droits et les incitant à s'impliquer dans la vie politique. Des initiatives journalistiques, telles que les campagnes de sensibilisation sur la corruption ou les droits des minorités, ont été mises en place pour informer le public sur des questions vitales. Ces efforts ont contribué à éveiller les consciences et à encourager les citoyens à revendiquer leurs droits, transformant ainsi la presse en un puissant vecteur de changement sociétal.

Les journalistes ont également utilisé les nouvelles technologies de communication pour élargir leur portée. Avec l'avènement d'Internet et des réseaux sociaux, la capacité de la presse à toucher des audiences plus larges s'est considérablement accrue. Des plateformes comme Facebook et Twitter ont permis aux journalistes de contourner la censure et de diffuser des informations en temps réel, renforçant leur rôle d'agents de changement. Les mouvements de revendication, comme le printemps arabe, ont démontré comment la presse, couplée à ces nouvelles technologies, pouvait mobiliser les masses et influencer la politique.

Émergence de mouvements de contestation

De plus, les journalistes ont commencé à alimenter des débats sur des questions sociétales cruciales, déclenchant des mouvements de contestation et d'expression publique. Les reportages sur les injustices économiques, par exemple, ont suscité des manifestations populaires, comme celles des «Indignés» en Afrique du Sud, qui ont revendiqué des réformes contre la pauvreté. La presse est devenue un acteur clé dans l'organisation de ces mouvements, fournissant une plateforme pour les voix des manifestants et des leaders communautaires.

Ces mouvements ont parfois été catalysés par des enquêtes journalistiques mettant en lumière des abus flagrants. Par exemple, les révélations sur les détournements de fonds publics par des responsables gouvernementaux ont souvent entraîné des manifestations de grande envergure. La presse a pu jouer un rôle d'accélérateur, en permettant à des citoyens indignés de se rassembler autour de causes communes et de revendiquer des changements.

Un changement de paradigme

Ainsi, la presse a évolué pour devenir un acteur engagé dans la quête d'une société juste et équitable, intégrant des enjeux qui dépassent largement la seule question de la liberté d'expression. Ce changement de paradigme a renforcé son rôle en tant que défenseur des libertés fondamentales, contribuant à la construction d'une conscience sociale et politique qui place les droits des citoyens au cœur de son action.

La presse, en intégrant des enjeux plus larges que la seule liberté d'expression, a façonné une nouvelle dynamique au sein des sociétés africaines, où la quête de justice et d'égalité est devenue une priorité collective. Ce processus a également conduit à une redéfinition des relations entre les médias, le gouvernement et la société civile, où la presse est désormais perçue non seulement comme un contre-pouvoir, mais aussi comme un partenaire essentiel dans le développement d'une démocratie robuste et participative.

La lutte de la presse pour ses droits a ainsi évolué en un combat pour les droits de tous, incarnant l'espoir d'une Afrique où la liberté, la justice et l'égalité sont à la portée de tous. Cette transformation souligne l'importance cruciale d'une presse libre et indépendante dans la construction d'un avenir démocratique, et son rôle vitale en tant que gardien des valeurs de justice sociale et des droits humains.

3.2 Journalistes en première ligne

Dans cette lutte pour une société libre et juste, de nombreux journalistes africains se sont retrouvés en première ligne, risquant leur vie pour dénoncer les abus de pouvoir, la corruption et les violations des droits humains. Ces reporters courageux ont souvent dû faire face à des répressions brutales, à des menaces et à des actes de violence, mais leur engagement a eu un impact considérable sur la société et sur la perception des gouvernants.

Prenons l'exemple d'Anna N. M. S. Ndong, une journaliste d'investigation au

Gabon, qui a consacré sa carrière à exposer la corruption au sein du gouvernement. Ses enquêtes, publiées dans des revues indépendantes, ont révélé les détournements de fonds publics et les abus de pouvoir. Bien qu'elle ait été victime de harcèlement et de menaces de mort, son travail a suscité un débat public sur la corruption et a encouragé d'autres journalistes à dénoncer des pratiques similaires, renforçant ainsi la culture de la responsabilité.

Un autre exemple emblématique est celui de la journaliste malgache, Aina R. M. Raveloson, qui a été emprisonnée pour avoir publié des articles critiques sur le régime en place. Son incarcération a provoqué une réaction internationale, mettant en lumière les atteintes à la liberté d'expression à Madagascar. Cet événement a galvanisé la société civile et les organisations de défense des droits de l'homme, créant un mouvement de solidarité pour la défense de la liberté de la presse.

Les actions de ces journalistes et de nombreux autres ont eu un impact profond sur la société. En dénonçant les abus, ils ont non seulement sensibilisé l'opinion publique, mais ont également incité des mouvements de contestation à émerger. Leur travail a également encouragé les citoyens à revendiquer leurs droits, à s'impliquer dans des initiatives communautaires et à exiger des comptes auprès de leurs dirigeants.

Ces journalistes ont, par leur courage et leur détermination, démontré que la presse ne se limite pas à une fonction d'information, mais qu'elle est également un puissant outil de changement social. En se dressant contre l'injustice, ils ont rappelé aux gouvernants que la presse a un rôle de contrôle et de surveillance, qu'elle est un acteur essentiel dans la consolidation des démocraties et la promotion des droits de l'homme.

En conclusion, ce chapitre illustre la transformation significative de la presse africaine, passant d'une lutte pour sa propre liberté à une lutte pour la liberté de la société. Les journalistes, en première ligne de cette bataille, ont risqué leur vie pour défendre les droits des citoyens et dénoncer les abus. Leur courage et leur engagement sont essentiels pour la construction d'une société où la liberté, la justice et l'égalité sont des valeurs fondamentales. La presse, en tant que gardienne de la vérité et des droits, joue un rôle indispensable dans la lutte pour un avenir meilleur.

Chapitre 4

La Réémergence de la Presse

À partir des années 1990, de nombreux pays africains ont commencé à connaître une libéralisation de leurs systèmes politiques, accompagnée d'une ouverture graduellement croissante des espaces médiatiques. Cette période a marqué un tournant décisif pour la presse sur le continent.

Les mouvements pour la démocratie, qui ont émergé dans les années 1980 et 1990, souvent en réponse à des décennies de dictature et de répression, ont engendré une demande pressante pour la liberté d'expression et des réformes politiques. Les pressions exercées par la société civile, associées à une pression internationale croissante en faveur des droits humains, ont conduit de nombreux gouvernements à assouplir leurs restrictions sur les médias.

Des pays comme le Mali, le Burkina Faso et le Sénégal ont vu des réformes qui ont permis la création de nouveaux journaux et de stations de radio indépendantes.

Par exemple, au Mali, la transition vers un système multipartite a favorisé l'émergence de médias privés, qui ont commencé à jouer un rôle essentiel dans le débat public et la critique des politiques gouvernementales. La presse est devenue un espace de dialogue où des opinions divergentes pouvaient s'exprimer.

Au Congo, de nouveaux médias tels que *Le Choc, Maduku Tsékélé, La Rue meurt, Le Pays, Les Échos, Radio Liberté, DRTV* et *Top TV* ont vu le jour. Ces réformes ont également été accompagnées de l'adoption de lois sur la liberté d'information, établissant des garanties pour la presse. Cependant, ces avancées ont été inégales, et dans certains pays, comme la Tanzanie et l'Ouganda, des tentatives de répression subsistaient malgré les promesses de réforme.

1 - Impact des Nouvelles Technologies sur la Liberté de la Presse
L'avènement des nouvelles technologies, en particulier de l'internet, a joué un rôle crucial dans la réémergence de la presse en Afrique. Les technologies numériques ont permis aux journalistes et aux citoyens d'accéder à un vaste réservoir d'informations et de partager des contenus de manière instantanée, transformant ainsi le paysage médiatique du continent.

Accès à l'information et diversification des voix
Les blogs, les plateformes d'information en ligne et les sites d'actualités indépendants ont vu le jour, offrant une alternative aux médias traditionnels souvent soumis à la censure. Cette évolution a permis à des voix marginalisées de s'exprimer et de contourner la répression. Par exemple, des journalistes et des activistes ont utilisé des plateformes comme Medium ou WordPress pour partager des articles critiques sur des sujets sensibles tels que la corruption, les abus de pouvoir, ou les droits humains, sans avoir à passer par les canaux de distribution traditionnels qui peuvent être contrôlés par le gouvernement.
Ces nouveaux médias ont également permis d'élargir le champ d'expression pour des groupes souvent ignorés par les médias traditionnels. Les jeunes, les femmes, et les minorités ethniques ont trouvé dans ces plateformes une voix pour faire entendre leurs préoccupations et leurs expériences. Au Nigeria, par exemple, des blogs et des chaînes YouTube se sont multipliés, permettant à la jeunesse de débattre des enjeux sociaux et politiques, tout en provoquant des changements dans la manière dont le pays consomme l'information.
Cette liberté d'expression numérique a eu un impact significatif. Les citoyens pouvaient désormais relayer des informations, partager des témoignages et publier des comptes rendus d'événements en temps réel, contournant ainsi la censure imposée par des régimes autoritaires. L'utilisation des réseaux sociaux comme Twitter , Facebook , et WhatsApp a permis de mobiliser des mouvements de protestation, comme les manifestations contre le régime au Soudan ou le mouvement EndSARS au

Nigeria, en utilisant des hashtags pour sensibiliser le public et coordonner les actions. Ces mouvements ont démontré comment la technologie pouvait agir comme un catalyseur de changement social, facilitant la mobilisation autour de causes communes.

Renforcement de la collaboration et des compétences

Le développement de l'accès à internet a également permis aux journalistes d'établir des réseaux de collaboration à l'échelle continentale et mondiale. Les formations en ligne et les ressources numériques ont ouvert de nouvelles opportunités pour le perfectionnement des compétences journalistiques, renforçant ainsi l'indépendance et la qualité du journalisme en Afrique. Des organisations comme *Journalism.co.za* ou *International Center for Journalists* proposent des cours et des ateliers qui permettent aux journalistes de se former aux nouvelles pratiques numériques, à l'éthique journalistique, et à la vérification des informations. Cette mise en réseau favorise non seulement l'échange de ressources et de compétences, mais elle permet également à des journalistes de partager leurs expériences face aux défis communs rencontrés dans leur travail. Par exemple, lors des crises politiques, des plateformes de collaboration en ligne permettent aux journalistes de différents pays de se soutenir mutuellement, d'échanger des informations et de coordonner des enquêtes conjointes. Cela a renforcé la solidarité entre journalistes africains, créant un tissu plus résilient face aux défis auxquels ils font face.

Transformation du paysage médiatique

La réémergence de la presse s'est également manifestée par l'essor des journaux et des médias numériques, transformant le paysage médiatique africain. Avec la libéralisation du marché médiatique et l'augmentation de l'accès à internet, de nombreuses plateformes en ligne ont vu le jour. Des sites d'information tels qu'*Africa Check, The Conversation Africa*, et *News24* sont devenus des sources d'informations fiables, fournissant des analyses approfondies sur des sujets variés allant de la politique à l'économie, en passant par la culture. Ces plateformes numériques jouent un rôle crucial en fournissant aux lecteurs des informations vérifiées et contextualisées, essentielles pour une bonne compréhension des enjeux locaux et mondiaux.

L'émergence de ces nouvelles plateformes a également contribué à une plus grande diversité de l'information. Là où les médias traditionnels étaient souvent dominés par certaines perspectives, les nouveaux médias numériques ont permis l'émergence de points de vue variés, allant des opinions politiques aux questions sociales. Cette pluralité est essentielle dans un contexte où la désinformation peut facilement se répandre et où il est crucial de fournir au public une compréhension nuancée des événements.

Cette diversification des médias a entraîné une concurrence accrue, incitant les journalistes à produire un contenu de meilleure qualité. En conséquence, les plateformes numériques ont vu émerger un journalisme d'investigation rigoureux, engagé et souvent plus critique des institutions. Cela a également conduit à une plus grande responsabilisation des gouvernements et des entreprises, qui sont désormais confrontés à une vigilance accrue de la part des journalistes et de la société civile.

Lutte contre la désinformation

Les plateformes numériques ont également favorisé un journalisme d'investigation et une vérification des faits, permettant de lutter contre la désinformation et les fausses nouvelles qui prolifèrent souvent sur les réseaux sociaux. Des initiatives comme *Africa Check* se sont consacrées à la vérification des faits, examinant des déclarations publiques et des nouvelles virales pour en évaluer la véracité. Ce type de journalisme joue un rôle crucial dans le maintien de la confiance du public envers les médias, surtout dans un environnement où les fausses informations peuvent avoir des conséquences graves sur la stabilité sociale et politique.

Les journalistes numériques, souvent indépendants, ont pu se concentrer sur des sujets négligés par les médias traditionnels, suscitant une diversité de voix et d'opinions. Ils sont devenus des pionniers dans l'exploration de thèmes tels que le changement climatique, la corruption locale, et les droits des minorités, des sujets qui étaient souvent sous-représentés dans les médias classiques. De nombreux journalistes ont également utilisé les outils numériques pour raconter des histoires de manière innovante, en intégrant des éléments multimédias dans leur travail. Cela a enrichi le récit journalistique et a permis de toucher des audiences plus larges.

En somme, l'impact des nouvelles technologies sur la liberté de la presse en Afrique a été profond et transformateur. En facilitant l'accès à l'information, en favorisant la diversité des voix, et en renforçant la capacité des journalistes à informer et à mobiliser, ces technologies ont joué un rôle essentiel dans la lutte pour une presse libre et indépendante. Alors que les défis persistent, notamment en matière de réglementation et de censure, le paysage médiatique africain continue de se réinventer, promettant une évolution vers des pratiques journalistiques plus éthiques, inclusives et responsables.

Dans ce contexte, la presse numérique se positionne comme un acteur clé dans la quête de la justice sociale et de la démocratie sur le continent. En engageant des discussions sur des enjeux critiques et en offrant une plateforme à des voix qui autrement pourraient être étouffées, la presse numérique contribue à la construction d'une société civile dynamique et engagée. L'avenir de la presse en Afrique semble donc prometteur, soutenu par un engagement continuel envers l'innovation et la défense des droits humains, un élément essentiel pour le développement d'une démocratie solide et durable.

2 - La Portée des Réseaux Sociaux dans la Diffusion de l'Information

- La Portée des Réseaux Sociaux dans la Diffusion de l'Information

Les réseaux sociaux tels que Twitter, Facebook et Instagram ont profondément changé la manière dont l'information est diffusée en Afrique. Ces plateformes permettent une interaction directe entre journalistes, citoyens et décideurs, facilitant le partage d'informations en temps réel. Dans un continent où l'accès à des médias indépendants a longtemps été entravé par la censure et la répression, les réseaux sociaux se sont imposés comme des outils d'émancipation et de dialogue.

Mobilisation des citoyens lors des mouvements de protestation

Lors de mouvements de protestation, tels que les manifestations contre la corruption en Afrique du Sud ou les manifestations pour la démocratie à Addis-Abeba, les réseaux sociaux ont joué un rôle crucial en mobilisant les citoyens et en diffusant des informations sur le terrain. Par exemple, lors des manifestations de *FeesMustFall* en Afrique du Sud, les étudiants ont utilisé Twitter pour organiser des actions, partager des expériences et relayer des informations sur les violences policières. Les plateformes sociales ont permis une coordination rapide et efficace, rendant possible une mobilisation massive autour de revendications communes.

De même, en Éthiopie, les manifestations de 2016 avaient été largement documentées et relayées via les réseaux sociaux, permettant à des millions de personnes de suivre les événements en temps réel. Les vidéos et les témoignages diffusés sur ces plateformes ont également contribué à sensibiliser la communauté internationale sur les violations des droits de l'homme et les abus de pouvoir, s'appuyant sur l'idée que *«si ce n'est pas sur les réseaux sociaux, ça n'existe pas»*.

Défis associés à l'utilisation des réseaux sociaux

Cependant, l'utilisation des réseaux sociaux n'est pas sans défis. La désinformation et la manipulation des informations sont devenues des préoccupations croissantes. Les gouvernements, plutôt que de perdre le contrôle, ont commencé à exploiter ces plateformes pour diffuser des propagandes, manipuler l'opinion publique, et dénigrer des mouvements de contestation. Par exemple, des campagnes orchestrées de désinformation ont été mises en place au Zimbabwe ou en Tanzanie, où des nouvelles fabriquées ont été diffusées pour discréditer les opposants politiques et détourner l'attention des véritables problèmes sociétaux.

Les fausses informations peuvent se propager rapidement sur ces plateformes, créant de la confusion et nuisant à la crédibilité des informations véridiques. Cela a conduit à une méfiance croissante envers les médias, même ceux qui essaient de travailler de manière éthique. Pour contrer cet effet, plusieurs initiatives de vérification des faits ont vu le jour, comme *FactCheck.org* ou des initiatives locales dans divers pays africains, visant à éduquer le public sur la manière d'identifier les fausses nouvelles et à promouvoir un esprit critique parmi les utilisateurs des réseaux sociaux.

Malgré ces défis, les réseaux sociaux demeurent un outil puissant pour la transparence et la responsabilité. Ils offrent une plateforme pour des discussions essentielles sur les droits humains et la gouvernance. Des mouvements comme *BlackLivesMatter* ou *MeToo* ont eu un écho à l'échelle mondiale, et des versions locales ont trouvé leur écho en Afrique, renforçant la lutte pour les droits des femmes et la justice raciale.

Les réseaux sociaux permettent également aux citoyens d'interpeller directement leurs dirigeants sur des questions de gouvernance, d'accès aux services publics et de corruption. Des campagnes de sensibilisation et des pétitions en ligne ont vu le jour, mobilisant des milliers de personnes autour de causes communes. Les réseaux sociaux offrent ainsi aux citoyens des outils pour exercer leur pouvoir, faire entendre leurs voix et influencer le débat public.

Transformation du paysage médiatique

La réémergence de la presse en Afrique, couplée à la libéralisation des médias et à l'avènement des technologies numériques, a permis de créer un paysage médiatique plus dynamique et diversifié. Les réformes politiques ont ouvert des espaces pour le journalisme indépendant, tandis que les nouvelles technologies ont fourni des outils pour contourner la censure et renforcer la voix des citoyens.

L'essor des médias numériques et des réseaux sociaux a transformé les manières dont l'information est produite et consommée, offrant de nouvelles opportunités pour la vérification des faits et le journalisme d'investigation. Des journalistes, souvent indépendants, ont su tirer parti de ces plateformes pour mener des enquêtes approfondies sur des sujets négligés par les médias traditionnels. Cela a également permis de maintenir la pression sur les gouvernements pour qu'ils respectent les droits fondamentaux.

Malgré les défis persistants, la presse africaine continue de jouer un rôle essentiel dans la promotion de la démocratie, de la transparence et de la justice sociale. Ce chapitre souligne que, bien que la route vers une liberté totale de la presse soit encore semée d'embûches, les progrès réalisés témoignent d'un engagement indéfectible envers la vérité et la responsabilité. Les réseaux sociaux, en tant qu'outils d'information et de mobilisation, se révèlent être des alliés précieux dans la lutte pour une presse libre et un espace public où les voix des citoyens peuvent s'exprimer sans entrave.

En intégrant les nouveaux outils numériques, la presse en Afrique peut non seulement renforcer sa propre position, mais aussi contribuer à un écosystème médiatique plus résilient, où le dialogue, la transparence et l'engagement civique deviennent la norme. L'avenir de la presse sur le continent, soutenu par la technologie, semble prometteur, et il représente une opportunité unique pour renforcer les fondations démocratiques et promouvoir des sociétés plus justes.

DEUXIEME PARTIE

La Presse de la liberté

Chapitre 5

La Presse de la Liberté

1 - Le Journalisme d'Investigation

Le journalisme d'investigation en Afrique s'affirme comme un outil fondamental dans la lutte contre la corruption et l'impunité. Sa capacité à exposer des vérités cachées et à tenir les puissants responsables en fait un acteur clé dans la promotion de la justice sociale. À l'heure où la transparence est plus que jamais nécessaire, ce type de journalisme joue un rôle crucial dans la construction d'une société civile engagée et informée.

La lutte contre la corruption

La corruption, un mal profondément enraciné dans de nombreux pays africains, alimente des inégalités économiques et sociales. Elle sape la confiance des citoyens envers leurs gouvernements, accentue les tensions sociales et entrave le développement économique. Dans ce contexte, le journalisme d'investigation se positionne comme un moyen efficace de s'attaquer à ce fléau en mettant au jour des cas de détournement de fonds, d'abus de pouvoir et de népotisme. Les journalistes, armés de courage et de détermination, se lancent dans des enquêtes approfondies qui peuvent prendre beaucoup de temps, nécessitant un investissement personnel et professionnel considérable.

Le processus d'investigation commence souvent par une simple rumeur ou une dénonciation anonyme. Les journalistes doivent alors mener des recherches minutieuses, collecter des documents, interroger des sources, et parfois infiltrer des réseaux pour obtenir des preuves tangibles. Cela exige non seulement des compétences en recherche et en analyse, mais également un engagement profond à faire éclater la vérité, même au risque de leur propre sécurité.

Un exemple emblématique est celui des journalistes de la Sierra Leone, qui ont révélé un réseau de corruption lié à l'exploitation minière. Leur enquête a mis en lumière des échanges d'argent entre fonctionnaires publics et entreprises étrangères, entraînant la perte de millions de dollars pour le pays. Grâce à ces révélations, le gouvernement a été contraint de prendre des mesures pour renforcer la transparence dans le secteur minier. Cela souligne comment le journalisme d'investigation peut non seulement exposer la corruption, mais aussi inciter à des réformes concrètes dans des institutions publiques.

Enquêtes internationales et impact local
Un autre exemple marquant est celui du consortium *Organized Crime and Corruption Reporting Project* (OCCRP), qui a mené une enquête sur les Panama Papers. Cette enquête a révélé comment certains leaders africains avaient utilisé des sociétés offshore pour dissimuler des fonds détournés. Les conséquences de ces révélations ont été significatives, incitant plusieurs pays à examiner les comptes de leurs dirigeants et à poursuivre des cas de corruption. L'impact de ces enquêtes transcende souvent les frontières nationales, suscitant des discussions internationales sur la transparence financière et la nécessité de réformes structurelles.

Les succès du journalisme d'investigation ne se mesurent pas uniquement en termes de poursuites judiciaires. Ils se mesurent également par leur impact social plus large. Par exemple, les enquêtes menées par *Amnesty International* et *Human Rights Watch* ont souvent été renforcées par des journalistes locaux qui ont documenté des violations des droits de l'homme. Ce partenariat entre journalistes et ONG permet de sensibiliser l'opinion publique à ces questions brûlantes et d'inspirer des mouvements de défense des droits civiques.

Étude de cas : Massacre de Marikana
Une étude de cas marquante est celle de l'enquête sur le massacre de Marikana en Afrique du Sud en 2012, où des journalistes ont réussi à mettre en évidence les circonstances entourant la mort de travailleurs mineurs lors d'une grève. Leur travail a non seulement permis de rendre compte de la tragédie, mais a également conduit à des discussions es-

sentielles sur les droits des travailleurs, la violence policière et la nécessité de réformes économiques.

Les enquêtes journalistiques ont révélé des informations clés sur les actions de la police ainsi que sur les conditions de travail des mineurs, exposant ainsi les dysfonctionnements d'un système qui privilégie les profits au détriment des droits humains. Ces révélations ont suscité un débat public sur la nécessité d'améliorer les conditions de travail et de renforcer les protections des travailleurs. Le massacre de Marikana est devenu un symbole de la lutte pour les droits des travailleurs en Afrique du Sud et a galvanisé des mouvements sociaux exigeant des réformes. Les journalistes impliqués dans cette enquête ont souvent fait face à des menaces et à des pressions, mais leur détermination à faire éclater la vérité a permis de rendre visible une réalité que beaucoup préféraient ignorer. Ce type de journalisme, qui met en lumière les injustices sociales et économiques, est essentiel pour promouvoir la responsabilité et la transparence.

Le journalisme d'investigation comme catalyseur de changement
Ces réussites illustrent comment le journalisme d'investigation peut servir de catalyseur pour des changements sociaux profonds, en sensibilisant l'opinion publique et en incitant à l'action collective. En exposant les vérités cachées, les journalistes d'investigation offrent aux citoyens les outils nécessaires pour revendiquer leurs droits et demander des comptes à leurs dirigeants. Ce type de journalisme ne se limite pas à l'information ; il crée un espace de dialogue et d'engagement civique.

Le journalisme d'investigation a également un rôle éducatif. En informant le public sur les mécanismes de la corruption et en sensibilisant sur l'importance de la transparence, il contribue à former une opinion publique plus critique et engagée. Les journalistes, par leur travail acharné, témoignent de l'engagement indéfectible d'une nouvelle génération de professionnels de l'information déterminés à faire entendre la voix de ceux qui sont souvent réduits au silence.

Les défis du journalisme d'investigation
Cependant, le chemin du journalisme d'investigation en Afrique est semé
d'embûches. Les journalistes d'investigation font face à des risques
considérables, notamment des menaces, des violences, et même des
assassinats. La peur de représailles peut dissuader de nombreux professionnels de s'engager dans des enquêtes approfondies. De plus, la
censure gouvernementale et la répression des médias constituent des
obstacles importants à la liberté d'expression.
Il est également crucial de souligner que le journalisme d'investigation
nécessite des ressources considérables. Les enquêtes approfondies
exigent du temps, de l'argent et un accès à des informations souvent difficiles à obtenir. Les médias traditionnels, souvent en difficulté financière,
peuvent avoir du mal à soutenir ces efforts. Cela a conduit à l'émergence
de modèles de financement alternatifs, tels que le financement participatif, qui permettent de soutenir des projets d'investigation.
En conclusion, le journalisme d'investigation en Afrique est un outil indispensable dans la lutte contre la corruption et l'impunité. Son impact
dépasse les simples révélations ; il inspire des mouvements pour la justice sociale et renforce la démocratie. À une époque où les défis sont
nombreux, le journalisme d'investigation demeure un rempart contre l'injustice, un défenseur des droits humains et un moteur de changement.
Les journalistes, par leur travail acharné, témoignent d'un engagement indéfectible envers la vérité et la responsabilité. Il est essentiel de
soutenir et de protéger ces journalistes, car leur travail est vital pour
la construction d'une société plus juste et équitable. En fin de compte,
le journalisme d'investigation en Afrique représente non seulement une
lutte pour la vérité, mais aussi une quête pour la dignité humaine et la
justice sociale.

2 - La Voix des Marginalisés
La presse a la responsabilité de donner une voix aux communautés
souvent marginalisées et oubliées dans les récits dominants. Cette mission devient d'autant plus cruciale dans un contexte où les inégalités so-

ciales, économiques et politiques persistent, alimentant des tensions et des injustices. Le journalisme engagé permet de mettre en lumière ces préoccupations, transformant des récits personnels en enjeux politiques qui méritent d'être entendus et pris en compte.

Le journalisme engagé : relayer les voix des sans-voix
Ce type de journalisme s'efforce de relayer les voix des sans-voix, en s'attaquant aux injustices et en mettant en avant les luttes de ceux qui sont souvent exclus du discours public. Des médias comme *The Guardian Africa Network* ou *Al Jazeera English* ont ouvert des rubriques dédiées aux droits humains, abordant des problématiques telles que les violences faites aux femmes, la discrimination ethnique et l'accès à l'éducation. Ces initiatives permettent non seulement d'informer le public, mais aussi de sensibiliser les décideurs sur des sujets qui nécessitent une attention urgente.

Les reportages sur les violences faites aux femmes, par exemple, ne se contentent pas de relater des faits ; ils contextualisent ces violences dans des systèmes patriarcaux plus larges et invitent à des discussions sur la nécessité de réformes législatives et culturelles. En mettant en lumière ces réalités, les médias contribuent à un changement social positif, en alertant la société sur la nécessité de prendre des mesures concrètes.

Initiatives pour donner une visibilité aux histoires ignorées
Des initiatives telles que *Voices of Africa*, qui collectent et publient des témoignages de citoyens ordinaires, permettent de donner une visibilité à des histoires souvent ignorées par les grands médias. En rendant ces voix audibles, la presse contribue à un discours plus inclusif et représentatif. Ces témoignages, qui vont des récits de résilience face à l'adversité à des expériences de discrimination, apportent une dimension humaine aux enjeux politiques et sociaux.

La mise en avant de ces récits personnels aide à créer un lien émotionnel avec le public, facilitant une compréhension plus profonde des défis auxquels sont confrontées ces communautés. Cette approche narrative permet également de lutter contre les stéréotypes et de promouvoir une image plus nuancée des marginalisés.

Le rôle crucial des médias locaux

Les médias locaux jouent également un rôle crucial dans la représentation des voix marginalisées. Souvent plus proches des réalités de leurs communautés, ces médias peuvent aborder des sujets négligés par les grands médias internationaux. Des stations de radio communautaires comme *Radio Muciyi* en République Démocratique du Congo, qui mettent en avant des scènes de vie locales, jouent un rôle essentiel dans la sensibilisation des populations aux enjeux qui les affectent directement.

Ces médias locaux sont souvent mieux à même de traiter des problèmes spécifiques à leur contexte, qu'il s'agisse de questions d'accès à l'eau potable, de droits fonciers ou de sécurité alimentaire. En rapportant le quotidien des agriculteurs, des femmes et des jeunes en milieu rural, les journalistes locaux contribuent à créer une conscience collective et à encourager des politiques plus inclusives.

Un dialogue culturel et social

L'utilisation de langues locales et l'abordage de thèmes culturels par ces médias favorisent un dialogue qui renforce la cohésion sociale. En parlant aux gens dans leur langue maternelle et en intégrant des références culturelles pertinentes, les journalistes parviennent à établir une connexion plus forte avec leur audience. Cela souligne l'importance de la diversité linguistique dans la communication, rendant l'information accessible à tous.

La couverture médiatique des festivals culturels, des traditions locales et des luttes communautaires permet également de renforcer l'identité locale tout en mettant en avant les défis auxquels ces communautés font face. En célébrant la culture tout en abordant des sujets sérieux, ces médias contribuent à un équilibre nécessaire entre la critique constructive et la valorisation des richesses culturelles.

Journalisme d'investigation et voix des marginalisés

La presse de la liberté en Afrique, à travers le journalisme d'investigation et l'engagement à donner une voix aux marginalisés, joue un rôle fondamental dans la lutte pour la justice sociale et la dignité humaine. En exposant la corruption et en rendant visibles les luttes des communautés oubliées, les journalistes s'affirment comme des acteurs essentiels de la transformation sociale.

Les réussites du journalisme d'investigation, comme le travail de journalistes ayant révélé des scandales de corruption au sein de gouvernement, montrent que la vérité peut être un puissant moteur de changement. Des enquêtes qui mettent en lumière les abus des autorités ou les injustices économiques peuvent inciter à des réformes et mobiliser des mouvements sociaux.

Un discours inclusif et représentatif

L'engagement envers les voix marginalisées rappelle l'importance d'un discours inclusif et représentatif. Dans un monde où les récits dominants tendent à privilégier certaines perspectives au détriment d'autres, la presse a la responsabilité de diversifier les voix qu'elle présente. Cela nécessite une volonté de remettre en question les normes établies et de donner la parole à ceux qui sont souvent réduits au silence.

En continuant à défendre ces valeurs, le journalisme africain contribue non seulement à la démocratie, mais aussi à l'épanouissement de toute la société. Le journalisme engagé permet de construire une conscience collective, essentielle pour l'avancement de la justice sociale et l'élimination des inégalités.

En conclusion, le rôle de la presse dans la représentation des voix marginalisées est crucial pour la construction d'une société plus juste et inclusive. En relayant les préoccupations des communautés souvent ignorées, le journalisme engagé contribue à un discours qui reflète la diversité et la complexité de la société africaine. Ce faisant, il renforce la démocratie et permet à chacun de participer au débat public. La voix des marginalisés, lorsqu'elle est entendue, peut devenir un puissant moteur de changement, catalysant des actions collectives en faveur de la justice et de l'égalité.

Chapitre 6

Vers une presse au service de la société

4.1 Redéfinition de la mission de la presse

À l'aube du XXIe siècle, la presse africaine se voit confrontée à des enjeux contemporains qui transcendent les simples questions de liberté d'expression et d'accès à l'information. La redéfinition de sa mission s'impose alors comme une nécessité. Les défis sociaux, politiques et économiques auxquels sont confrontés les pays africains exigent une presse qui non seulement informe, mais qui agit en tant qu'acteur de changement social. Cela implique de comprendre les enjeux contemporains liés aux droits de l'homme, à la justice sociale et à la bonne gouvernance.

La défense des droits de l'homme

Les droits de l'homme restent un sujet brûlant en Afrique, avec de nombreux pays encore confrontés à des violations massives. Que ce soit à travers des répressions politiques, des discriminations raciales ou ethniques, ou des abus systématiques des droits fondamentaux, la situation des droits humains nécessite une attention particulière. La presse a un rôle clé à jouer dans la défense de ces droits, en rendant compte des injustices et en donnant une voix aux victimes.

Dans ce cadre, une couverture médiatique engagée peut non seulement sensibiliser le public aux questions des droits de l'homme, mais aussi inciter les gouvernements à respecter leurs engagements internationaux. Des initiatives, comme le suivi des élections et des réformes législatives, permettent aux journalistes de jouer un rôle d'observateurs critiques, alertant la communauté internationale sur les dérives et les abus. En mettant en lumière les cas de violations des droits, le journalisme d'investigation peut catalyser des actions en faveur des droits humains, aussi bien au niveau local qu'international.

La promotion de la justice sociale

La justice sociale est devenue un principe fondamental pour construire une société équitable. La presse doit ainsi s'efforcer de mettre en lumière les inégalités, qu'elles soient économiques, sociales ou de genre. Les disparités qui existent dans l'accès aux ressources, à l'éducation, ou aux soins de santé doivent être exposées et discutées dans le débat public. Cela nécessite un engagement à promouvoir les récits des couches les plus vulnérables de la société, en les rendant visibles et en plaidant pour leurs droits. Cette approche participative de la couverture médiatique contribue à renforcer la voix des marginalisés et à favoriser une plus grande équité dans la société. Les médias peuvent jouer un rôle crucial dans l'éducation du public sur les enjeux de la justice sociale, en présentant des reports détaillés sur les conditions de vie des groupes défavorisés, en relayant leurs luttes et en mettant en avant des exemples de résilience. Par exemple, des reportages sur les mouvements communautaires ou les initiatives locales de développement peuvent inspirer des actions similaires dans d'autres régions.

La bonne gouvernance comme enjeu de développement

Enfin, la bonne gouvernance constitue un enjeu majeur pour le développement durable en Afrique. La presse, en tant que chien de garde de la démocratie, doit surveiller l'action des gouvernants, enquêter sur la corruption et relayer les préoccupations des citoyens. En favorisant un débat public éclairé, elle contribue à instaurer des normes de transparence et de responsabilité.

La couverture des budgets publics, des politiques de développement et des contrats gouvernementaux est essentielle pour garantir que les ressources soient utilisées de manière efficace et éthique. En enquêtant sur des affaires de corruption et en exposant les abus de pouvoir, la presse peut inciter à des réformes structurelles et à la mise en œuvre de mécanismes de responsabilisation. Le journalisme d'investigation peut ainsi agir comme un outil de contrôle social, permettant aux citoyens de demander des comptes à leurs dirigeants.

Une approche proactive et engagée
Cette redéfinition de la mission de la presse implique une approche proactive et engagée, capable de répondre aux défis contemporains et de promouvoir une société plus juste. En se positionnant comme un acteur clé dans la défense des droits de l'homme, la promotion de la justice sociale et la recherche de la bonne gouvernance, la presse africaine peut jouer un rôle déterminant dans la transformation sociale.
Cela nécessite également une réflexion sur les modèles économiques des médias. La viabilité financière des organes de presse est cruciale pour leur indépendance et leur capacité à mener des enquêtes approfondies. En explorant de nouveaux modèles de financement, tels que le journalisme collaboratif, le financement participatif et les partenariats avec des ONG, la presse peut renforcer sa capacité à s'engager sur ces enjeux critiques.
En conclusion, la redéfinition de la mission de la presse africaine à l'aube du XXIe siècle est une nécessité face aux défis contemporains. En s'engageant activement dans la défense des droits de l'homme, la promotion de la justice sociale et la surveillance de la bonne gouvernance, la presse peut contribuer à construire des sociétés plus équitables et démocratiques. Son rôle en tant que gardienne de la démocratie et des valeurs humaines est essentiel pour garantir un avenir meilleur pour tous les citoyens africains.

4.2 La presse comme défenseur des libertés
Dans un contexte où les droits et libertés sont souvent menacés, la presse joue un rôle crucial en tant que défenseur des libertés fondamentales. Une presse engagée est essentielle pour la défense des droits et libertés de tous les citoyens. Elle n'est pas seulement un vecteur d'information, mais un acteur engagé dans le processus de construction d'un espace public où l'expression des idées peut se faire librement, sans crainte de répression.

L'importance d'une presse libre et responsable

L'importance d'une presse libre et responsable se manifeste à travers plusieurs exemples de succès. Prenons le cas du mouvement *EndSARS* au Nigeria, qui a dénoncé les brutalités policières et les violations des droits humains. Les journalistes ont joué un rôle déterminant en rapportant les abus, en relayant les témoignages des victimes, et en mettant en lumière les mobilisations citoyennes. Leur travail a non seulement sensibilisé le public, mais a également conduit à des réformes gouvernementales, illustrant ainsi la puissance d'une presse engagée.

Ce mouvement, qui a pris de l'ampleur en 2020, a vu des milliers de citoyens se rassembler pour protester contre les abus des forces de police, en particulier l'unité spéciale de la police, la Special Anti-Robbery Squad (SARS). Les journalistes, en relayant des vidéos et des témoignages sur les réseaux sociaux, ont contribué à attirer l'attention nationale et internationale sur ces problématiques. Grâce à leur couverture, des discussions cruciales sur la nécessité de réforme des forces de sécurité ont été engagées, montrant comment la presse peut agir en tant que catalyseur de changement.

D'autres exemples de succès

Au-delà du Nigeria, d'autres exemples montrent comment la presse a contribué à la défense des libertés. En Tunisie, après le printemps arabe, des journalistes ont dénoncé la censure gouvernementale et ont mis en lumière les luttes pour la liberté d'expression. Leurs efforts ont permis d'établir un espace médiatique plus libre et de favoriser le dialogue démocratique. Dans ce cas, la presse a su tirer parti des nouvelles technologies et des réseaux sociaux pour contourner la censure préexistante et s'assurer que les voix des citoyens soient entendues.

De même, en Afrique du Sud, le rôle des médias dans la lutte contre l'apartheid a été déterminant. Des journalistes ont risqué leur vie pour exposer les injustices et les brutalités du régime. Les reportages de ces journalistes ont non seulement sensibilisé l'opinion publique nationale et internationale, mais ont également alimenté un sentiment de résistance qui a contribué à l'effondrement de l'apartheid. Cet exemple démontre comment la presse peut jouer un rôle critique dans les luttes pour la liberté et la justice.

Défis que rencontre la presse

Cependant, cette mission de défense des libertés n'est pas sans défis. De nombreux journalistes continuent de faire face à des menaces, à des intimidations et à la censure. Les pays dans lesquels les médias sont réprimés sont légion : des journalistes sont emprisonnés pour avoir osé critiquer le gouvernement, d'autres sont victimes de violence, et certains sont même tués pour avoir exercé leur métier. Par exemple, selon le rapport de *Reporters sans frontières*, plusieurs pays africains figurent parmi les plus dangereux au monde pour les journalistes.

La peur de représailles peut dissuader les journalistes d'aborder des sujets sensibles, ce qui nuit à la qualité de l'information diffusée. Même dans les démocraties établies, la montée de la désinformation et des discours de haine pose un défi supplémentaire à une presse qui cherche à maintenir son intégrité et sa crédibilité. Les journalistes sont souvent confrontés à des campagnes de dénigrement orchestrées par des acteurs politiques ou économiques qui tentent de discréditer leur travail, créant un climat de méfiance envers les médias.

La nécessité de collaboration et de solidarité

Face à ces défis, il est impératif que les journalistes, les organisations de médias et la société civile collaborent pour renforcer la protection des journalistes et promouvoir un environnement médiatique sûr. Cette collaboration peut prendre plusieurs formes :

Le développement de programmes de formation pour les journalistes sur la sécurité, la déontologie et la lutte contre la désinformation est essentiel. Ces formations peuvent aider les journalistes à naviguer dans un environnement de plus en plus hostile, en leur fournissant des outils pour se protéger et pour garantir l'intégrité de leur travail. Par exemple, des ateliers sur la sécurité numérique peuvent permettre aux journalistes de protéger leurs communications et leurs sources.

Renforcer la solidarité entre journalistes et organisations de défense des droits humains peut également contribuer à protéger les reporters. Des campagnes de sensibilisation et des actions collectives peuvent être mises en place pour dénoncer les atteintes à la liberté de la presse et pour soutenir ceux qui sont persécutés. Cela pourrait inclure des manifestations publiques, des pétitions et des campagnes de sensibilisation sur les réseaux sociaux pour attirer l'attention sur les menaces pesant sur les journalistes.

Les journalistes et les organisations de médias doivent également s'engager dans des efforts de plaidoyer pour des lois qui protègent la liberté de la presse et garantissent la sécurité des journalistes. Cela peut inclure des initiatives pour abolir les lois restrictives sur la presse et promouvoir des législations qui assurent la liberté d'expression. En s'alliant avec des groupes de défense des droits humains, les journalistes peuvent créer un front uni pour exiger des changements législatifs.

L'importance d'une presse redéfinie et engagée, capable de défendre les libertés et les droits de tous les citoyens. En s'attaquant aux enjeux contemporains et en relevant les défis qui se présentent, la presse africaine peut véritablement devenir un acteur au service de la société, contribuant ainsi à la construction d'un avenir où la justice, l'égalité et la démocratie prévalent.

La presse, dans son rôle de gardienne de la vérité et de la justice, doit continuer à s'engager activement pour défendre les droits et libertés, car son rôle est essentiel pour nourrir une société dynamique et démocratique. À travers des actions concrètes et un engagement indéfectible, la presse peut non seulement informer, mais aussi inspirer et mobiliser. Ce faisant, elle joue un rôle clé dans la défense des libertés fondamentales et la promotion des droits de l'homme en Afrique. Dans ce contexte, la presse ne se limite pas à relayer des faits ; elle devient un acteur de changement, œuvrant pour un monde meilleur.

Chapitre 7

Le Rôle Crucial de la Presse Africaine dans la Gouvernance des États

La presse africaine joue un rôle fondamental dans la gouvernance des États du continent, agissant en tant que gardienne de la démocratie, de la transparence et de la responsabilité. Son influence va bien au-delà de l'information ; elle façonne les attitudes, mobilise les citoyens et incite les gouvernements à rendre des comptes. Voici un développement approfondi de cette importance :

1. Promotion de la Transparence

La transparence gouvernementale est essentielle pour instaurer la confiance entre les citoyens et leurs dirigeants. La presse est un acteur clé dans ce domaine, car elle permet de :

- *Diffuser des Informations Claires :* Les médias rapportent des informations concernant les décisions politiques, les budgets publics et les projets de loi. Par exemple, la couverture des budgets nationaux, des allocations de fonds pour des projets d'infrastructure, ou des dépenses en santé publique aide à éclairer les citoyens sur l'utilisation de leurs impôts.

- *Rendre Compte des Activités Gouvernementales :* À travers des reportages réguliers, les médias examinent les actions des gouvernements, ce qui permet aux citoyens de suivre la mise en œuvre des politiques publiques. Cela contribue à une culture de responsabilité, où les dirigeants savent qu'ils sont surveillés par la presse et, par conséquent, par le peuple.

2. Enquête et Investigations

Le journalisme d'investigation est un outil puissant pour la promotion de la responsabilité.

- *Exposer la Corruption*: Les journalistes d'investigation mettent souvent au jour des cas de corruption et de mauvaise gestion. Par exemple, des enquêtes sur des détournements de fonds ou des abus de pouvoir dans des contrats publics ont conduit à des réformes et à des poursuites judiciaires dans plusieurs pays africains. Des médias comme *The Africa Report* et *Investigation Network* se spécialisent dans la mise en lumière de tels scandales, contribuant à une plus grande responsabilité.

- Révéler des Violations des Droits de l'Homme : La presse joue un rôle crucial dans la documentation des violations des droits de l'homme. Les reportages sur les abus commis par les forces de l'ordre, ou les conditions de détention des prisonniers politiques, alertent la communauté internationale et incitent les gouvernements à agir.

3. Facilitation du Débat Public

La presse est un forum indispensable pour le débat public.

- Encouragement à l'Expression d'Opinions : En offrant des plateformes pour des débats, des tribunes et des analyses, les médias permettent à divers acteurs sociaux, y compris les universitaires, les politiciens et les citoyens, d'exprimer leurs points de vue et de débattre sur des questions de société. Cela contribue à une démocratie plus vivante, où différentes voix peuvent se faire entendre.

- Mise en Lumière des Enjeux Sociaux : Les médias jouent un rôle dans la mise en avant des préoccupations des citoyens, comme la santé, l'éducation, et l'environnement, incitant ainsi les gouvernements à réagir et à prendre des mesures.

4. Éducation Civique

Un autre aspect fondamental du rôle de la presse est son impact sur l'éducation civique.

- Informer sur les Droits et Responsabilités: Les médias jouent un rôle clé dans l'éducation des citoyens sur leurs droits civiques, les processus électoraux, et les lois en vigueur. Cela peut inclure des programmes spéciaux sur le vote, les droits des femmes, la discrimination, et les droits des minorités.

- Formation d'une Opinion Éclairée : En fournissant des analyses et des

commentaires sur des questions complexes, la presse aide les citoyens à développer une opinion éclairée sur les enjeux qui les concernent, leur permettant de participer activement à la vie politique.

5. Surveillance et Responsabilité

La presse agit comme un chien de garde, surveillant les actions des gouvernements et des institutions publiques.

- *Rendre les Autorités Responsables :* En rapportant les irrégularités et en posant des questions difficiles, les médias créent un climat de responsabilité. Les dirigeants sont ainsi incités à agir de manière éthique et à respecter la loi, sachant qu'ils sont sous le regard vigilant des journalistes.

- *Faciliter l'Accès à l'Information :* Les lois sur la liberté de l'information, soutenues par la presse, permettent aux citoyens de demander des informations sur les activités gouvernementales, renforçant ainsi la transparence et la responsabilité.

6. Vocalisation des Voix Marginalisées

La presse a la capacité de donner une voix aux groupes marginalisés.

- *Représenter les Intérêts des Minorités :* En mettant en lumière les luttes des femmes, des jeunes, des personnes handicapées et des communautés marginalisées, les médias contribuent à faire entendre leurs préoccupations et à revendiquer leurs droits. Par exemple, des reportages sur les violences faites aux femmes peuvent inciter à des réformes législatives et à des campagnes de sensibilisation.

- *Promouvoir l'Inclusion Sociale :* La presse joue un rôle crucial dans la promotion de l'inclusion sociale, en attirant l'attention sur des questions telles que l'égalité des droits, la justice sociale et la lutte contre la discrimination.

7. Mobilisation et Action Collective

La presse peut également catalyser l'action collective.

- *Encouragement à l'Engagement Communautaire :* En relayant des

appels à l'action et en couvrant des événements communautaires, les médias peuvent mobiliser les citoyens autour de causes importantes. Des campagnes pour la justice sociale, l'éducation ou la protection de l'environnement peuvent inspirer des mouvements populaires, comme les manifestations pour le climat ou les luttes pour les droits des femmes
- *Faciliter les Mobilisations Sociales :* En documentant les luttes et les mouvements sociaux, la presse contribue à la création d'un récit collectif qui peut galvaniser l'opinion publique et pousser les gouvernements à répondre aux revendications du peuple.

La presse africaine est un pilier essentiel de la gouvernance sur le continent, jouant un rôle crucial en tant que gardienne de la démocratie, de la transparence et de la responsabilité. À travers les défis et les opportunités, le journalisme a prouvé son importance en tant qu'agent de changement, capable de façonner le paysage politique, social et économique des États africains. En tant que vecteur d'information, la presse ne se limite pas simplement à rapporter des faits, mais elle contribue activement à façonner l'opinion publique, à mobiliser les citoyens et à inciter les autorités à rendre des comptes.

Pour que le rôle de la presse soit pleinement réalisé, il est impératif de garantir un environnement dans lequel les journalistes peuvent exercer leur métier librement et en toute sécurité. Cela passe par des engagements clairs des gouvernements à protéger la liberté d'expression et à prohiber la censure. Les États africains doivent promouvoir un cadre légal qui protège les droits des journalistes, en leur permettant d'enquêter et de rapporter sans crainte de représailles. Une presse libre est synonyme de gouvernance saine et de démocratie participative, où les voix des citoyens, y compris celles des communautés marginalisées, peuvent être entendues et prises en compte.

L'éducation des journalistes est également un aspect fondamental à ne pas négliger. En investissant dans la formation continue et le développement professionnel des journalistes, les États africains peuvent garantir un journalisme de qualité, rigoureux et éthique. Cela inclut non seulement des compétences techniques, mais aussi des connaissances approfondies sur les questions sociales, politiques et économiques qui touchent le continent. Des journalistes bien formés sont mieux équipés pour mener des enquêtes approfondies, poser des questions pertinentes et analyser des données complexes, ce qui renforce la crédibilité des médias et leur impact sur la société.

En outre, la presse doit s'adapter aux évolutions technologiques et aux nouvelles dynamiques de communication. L'essor des réseaux sociaux et des plateformes numériques offre des opportunités sans précédent pour toucher un public plus large, en particulier la jeunesse. Les médias doivent apprendre à naviguer dans ce nouvel écosystème, en utilisant ces outils pour informer, mobiliser et engager les citoyens sur des questions cruciales. Cela nécessite une innovation constante et une volonté de s'adapter aux nouvelles formes de consommation de l'information.

Il est également crucial d'encourager un dialogue constructif entre la presse, la société civile et les institutions gouvernementales. Une collaboration active entre ces acteurs peut créer un écosystème où l'information circule librement et où les préoccupations des citoyens sont entendues. En travaillant ensemble, ces groupes peuvent promouvoir une gouvernance plus inclusive, où les décisions prennent en compte les besoins et les aspirations de l'ensemble de la population.

Enfin, le véritable rayonnement de la presse africaine sur la scène internationale repose sur sa capacité à raconter des histoires authentiques et inspirantes. La presse a le pouvoir de changer la narrative sur l'Afrique, en mettant en avant non seulement les défis, mais aussi les succès, les innovations et les résiliences des peuples africains. En valorisant ces récits, la presse contribue à forger une image positive de l'Afrique, capable d'attirer des investissements, de renforcer le tourisme et de favoriser des échanges culturels enrichissants.

En somme, le chemin vers une gouvernance efficace et responsable en Afrique, soutenue par une presse forte et indépendante, est encore semé d'embûches. Cependant, les opportunités sont nombreuses et les bénéfices d'une presse dynamique et engagée sont indéniables. En investissant dans la liberté de la presse, la formation des journalistes et la collaboration avec la société civile, les États africains peuvent renforcer leur démocratie, améliorer leur gouvernance et poser les bases d'un avenir plus juste et équitable pour tous. C'est ainsi que la presse, en tant que vecteur de changement et d'émancipation, contribuera à bâtir une Afrique plus forte, résiliente et tournée vers l'avenir.

Chapitre 8

Le Rôle de la Presse Africaine dans le Rayonnement des Nations du Continent

La presse africaine joue un rôle multidimensionnel dans le rayonnement des États africains, en favorisant la promotion de la culture, le développement économique, la diplomatie et la sensibilisation aux enjeux globaux. En agissant comme un miroir de la société, les médias contribuent à façonner l'image des pays africains sur la scène internationale et à renforcer leur position dans le discours mondial. Dans ce chapitre, nous allons explorer en profondeur ces différentes dimensions, en mettant en lumière des exemples concrets et des initiatives qui illustrent l'impact de la presse sur le rayonnement des États africains.

1. Promotion de la Culture et de l'Identité Africaine

La culture est l'un des aspects les plus riches et diversifiés de l'Afrique, et la presse en est un vecteur essentiel. Les médias jouent un rôle crucial dans la valorisation des traditions, des langues et des arts africains.

- *Médias Culturels :* De nombreux journaux et chaînes de télévision africains consacrent des sections spéciales à la culture, où ils explorent la musique, la danse, la littérature, et les arts visuels. Par exemple, des publications comme *La Lettre du Continent* mettent en avant les artistes émergents et les manifestations culturelles, incitant les citoyens à s'engager davantage avec leur patrimoine culturel.

- *Événements Culturels :* Les médias couvrent aussi des événements culturels majeurs, tels que le Festival du Film Africain de Durban ou le Festival International de Jazz de Cape Town, contribuant à attirer l'attention sur ces événements à la fois au niveau local et international. La couverture médiatique de ces événements contribue à renforcer l'image de l'Afrique comme un continent riche en créativité et en talents.

- *Soutien à l'Industrie Créative :* En mettant en avant les succès des artistes et des créateurs, la presse aide à développer une industrie créative prospère. Cela a un impact direct sur l'économie, car la culture peut générer des emplois, attirer le tourisme et stimuler l'innovation

2. Développement Économique et Promotion des Investissements
La presse joue un rôle fondamental dans le développement économique des pays africains en informant le public sur les opportunités d'investissement et en stimulant l'entrepreneuriat.
- *Économie et Investissement :* Les médias économiques, tels que *Financial Times Africa* ou *African Business Magazine*, fournissent des analyses et des rapports sur les tendances du marché africain. Ils jouent un rôle clé dans l'attraction des investissements étrangers en présentant les atouts des différents pays, des ressources naturelles aux innovations technologiques.
- *Couverture des Réformes Économiques :* La presse couvre également les réformes économiques et les politiques publiques mises en place par les gouvernements. En informant les citoyens des initiatives de développement, les médias contribuent à renforcer la confiance dans les institutions et à encourager l'investissement local.
- *Soutien aux Start-ups :* Des plateformes comme *Ventureburn* mettent l'accent sur les start-ups africaines et les entrepreneurs innovants. En rapportant leurs histoires de réussite et en fournissant des conseils pratiques, la presse aide à construire un écosystème entrepreneurial dynamique.

3. Diplomatie et Relations Internationales
La presse constitue une passerelle essentielle pour la diplomatie et les relations internationales. En rapportant des événements diplomatiques et en analysant les politiques étrangères, les médias aident à forger des relations solides entre les États africains et le reste du monde.
- *Couverture des Diplomates :* Les médias offrent une plateforme pour la voix des diplomates et des responsables politiques, leur permettant de communiquer sur les initiatives et les politiques de leur pays. Des interviews et des tribunes d'opinion publiées dans les médias aident à

clarifier les positions des États africains sur des questions d'importance mondiale, telles que les droits de l'homme, le changement climatique, ou la sécurité.

- *Promotion d'Initiatives Régionales:* La presse joue également un rôle clé dans la promotion d'initiatives régionales, telles que l'Union africaine ou la Communauté économique des États de l'Afrique de l'Ouest (CE-DEAO). En mettant en lumière les efforts de coopération régionale, les médias encouragent un sentiment d'unité et de solidarité entre les États africains.

4. Sensibilisation aux Enjeux Globaux

La presse africaine joue un rôle crucial dans la sensibilisation des citoyens aux enjeux globaux qui touchent le continent, notamment la santé publique, l'environnement, et les droits de l'homme.

- *Santé Publique :* La couverture des crises sanitaires, comme la pandémie de COVID-19, illustre le rôle central des médias dans la diffusion d'informations cruciales pour la santé publique. Des campagnes d'information menées par des médias, en collaboration avec des organismes de santé, ont permis de sensibiliser la population sur les mesures préventives et de réduire la propagation du virus.

- *Plaidoyer Environnemental :* Les médias mettent également en avant les enjeux environnementaux, tels que la déforestation, le changement climatique et la protection de la biodiversité. En rapportant des histoires locales et en plaidant pour des politiques durables, la presse contribue à mobiliser les citoyens autour de la protection de leur environnement.

- *Droits de l'Homme :* La presse joue un rôle de vigie en matière de droits de l'homme, en dénonçant les violations et en soutenant les mouvements sociaux. Des reportages approfondis sur des sujets tels que la violence à l'égard des femmes ou la liberté d'expression peuvent inciter à la mobilisation populaire et à des changements législatifs.

Le rôle de la presse africaine dans le rayonnement des États du continent est à la fois fondamental et complexe. En tant que gardienne de l'information, la presse n'est pas seulement un simple vecteur de nouvelles, mais un acteur stratégique capable de façonner la perception que le monde a de l'Afrique. En promouvant la culture, en soutenant le développement économique, en facilitant la diplomatie et en sensibilisant aux enjeux globaux, les médias contribuent de manière significative à l'épanouissement des nations africaines sur la scène internationale.

Pour que cet impact positif se poursuive, soutenir une presse libre, indépendante et professionnelle est impératif. Cela implique de garantir des conditions de travail sécuritaires pour les journalistes, de lutter contre la censure et les atteintes à la liberté d'expression, et de promouvoir une formation continue afin d'assurer un journalisme de qualité. Une presse forte et résiliente est un gage de démocratie et de transparence, permettant aux citoyens de s'engager activement dans la vie politique et sociale de leur pays.

De plus, la presse doit s'adapter aux évolutions technologiques et aux nouvelles dynamiques de communication pour rester pertinente. L'émergence des réseaux sociaux et des plateformes numériques offre à la presse africaine des opportunités sans précédent pour se connecter avec un public plus large, en particulier la jeunesse. En utilisant ces outils, les médias peuvent non seulement informer, mais également mobiliser et engager les citoyens sur des questions cruciales qui les concernent.

Il est également essentiel de reconnaître que le rayonnement des États africains ne peut être atteint sans une collaboration étroite entre la presse, la société civile et les institutions gouvernementales. En travaillant ensemble, ces acteurs peuvent créer un écosystème où l'information circule librement, où les idées s'échangent et où la participation citoyenne est encouragée. La presse peut ainsi devenir catalyseur de changement, en incitant les gouvernements à répondre aux attentes et aux besoins de leurs populations.

Enfin, le rayonnement des États africains repose aussi sur la narration d'histoires authentiques et inspirantes. En mettant en avant les succès, les innovations et les luttes des citoyens africains, la presse contribue à redéfinir la narrative du continent, loin des stéréotypes et des préjugés. Elle a le pouvoir de transformer des récits individuels en récits collectifs, unifiant les voix de la diversité africaine et renforçant le sentiment d'appartenance à une communauté globale.

En somme, le chemin vers un rayonnement significatif des États africains est semé d'embûches, mais il est aussi empreint d'opportunités. La presse, avec son rôle central dans la société, doit être soutenue et valorisée comme un pilier incontournable dans cette quête. En investissant dans une presse libre et dynamique, les États africains peuvent non seulement renforcer leur image sur la scène mondiale, mais également bâtir des sociétés plus justes, transparentes et résilientes. C'est ainsi que la presse, en tant que vecteur de changement, contribuera à un avenir meilleur pour l'Afrique et ses peuples.

Chapitre 9

Les Défis Économiques de la Presse Africaine Contemporaine

La presse africaine contemporaine fait face à une multitude de défis économiques qui menacent sa viabilité et son indépendance. Alors que le paysage médiatique évolue rapidement avec l'essor d'Internet et des médias numériques, de nombreux organes de presse sont entravés par des contraintes financières. Ce chapitre explore les défis économiques auxquels est confrontée la presse en Afrique, ainsi que les opportunités qui émergent dans ce contexte en mutation.

1. Diminution des Revenus Publicitaires

L'un des principaux défis économiques pour la presse africaine est la diminution des revenus publicitaires. Les annonceurs, en particulier les grandes entreprises, se tournent de plus en plus vers les plateformes numériques pour atteindre leur public cible. Cela a conduit à une réduction significative des budgets publicitaires alloués aux médias traditionnels, tels que les journaux et les stations de radio.

- *Migration vers le numérique :* Avec l'augmentation de l'utilisation des smartphones et de l'accès à Internet, les consommateurs préfèrent souvent les médias en ligne, ce qui a entraîné une baisse des ventes de journaux et d'audiences pour les stations de radio et de télévision traditionnelles.

-*Concentration du marché publicitaire :* Un nombre croissant de dépenses publicitaires se concentre entre les mains de quelques grandes entreprises technologiques, comme Google et Facebook, qui dominent le marché numérique. Cette concentration réduit les opportunités pour les médias locaux de générer des revenus.

2. Modèles Économiques Insoutenables

De nombreux organes de presse en Afrique fonctionnent selon des modèles économiques qui ne sont pas viables à long terme :

- Dépendance à l'égard des subventions : Certains médias dépendent fortement des subventions gouvernementales ou des aides internationales pour survivre. Cette dépendance peut compromettre leur indépendance éditoriale et les rendre vulnérables à des pressions politiques.

- Manque de diversification : Beaucoup de médias en Afrique n'ont pas diversifié leurs sources de revenus, s'appuyant principalement sur la publicité. L'absence de modèles alternatifs, comme les abonnements payants ou le merchandising, limite leur capacité à générer des revenus durables.

3. Coût de la Production de Contenu

La production de contenu de qualité est coûteuse. Les médias en Afrique doivent faire face à plusieurs obstacles :

- Coûts d'exploitation élevés : Les coûts associés à la production de contenu, y compris le personnel, la technologie et les infrastructures, peuvent être prohibitifs. Dans de nombreux cas, les organes de presse n'ont pas les ressources nécessaires pour investir dans des équipements modernes ou pour former leur personnel.

- Pressions sur les journalistes : La nécessité de produire un volume élevé de contenu pour rester compétitif peut pousser certains médias à réduire la qualité de leur reportage. Cela peut entraîner une diminution des normes journalistiques, nuisant à la crédibilité des médias

4. Accès à Internet et Numérisation

Bien que la numérisation offre des opportunités, elle pose également des défis :

- Inégalités d'accès : L'accès à Internet reste inégal en Afrique, avec des zones rurales souvent mal desservies. Cette disparité limite la capacité de certains médias à atteindre un large public en ligne.

- Compétition accrue : La numérisation a entraîné une concurrence accrue entre les médias traditionnels et les nouvelles plateformes numériques. Les médias en ligne, souvent gérés par des entrepreneurs indépendants, peuvent produire du contenu à faible coût, ce qui complique la situation pour les médias traditionnels

5. Environnement Politique et Économique Instable

Les conditions politiques et économiques en Afrique peuvent également avoir un impact significatif sur la presse :

-Censure et répression : Dans des contextes où la liberté de la presse est menacée, les médias peuvent faire face à des contraintes supplémentaires qui limitent leur capacité à fonctionner librement. La peur des représailles peut dissuader les annonceurs de soutenir des médias indépendants.

- Instabilité économique : Les crises économiques, l'inflation et la dévaluation des devises peuvent affecter la capacité des médias à fonctionner efficacement. Les augmentations des coûts des matières premières, comme le papier, peuvent également mettre en péril la viabilité des journaux imprimés

6. Opportunités Émergentes

Bien que les défis soient nombreux, il existe également des opportunités pour la presse africaine :

- Innovation numérique : L'adoption de technologies numériques et de modèles d'affaires innovants, tels que le journalisme participatif et les plateformes de contenu généré par les utilisateurs, peut aider les médias à s'adapter à un paysage en évolution.

- Partenariats stratégiques : Les médias peuvent explorer des partenariats avec des organisations non gouvernementales, des universités et d'autres acteurs pour diversifier leurs sources de revenus et renforcer leur indépendance.

- Engagement communautaire : En développant des relations solides avec leurs communautés locales, les médias peuvent créer des modèles économiques basés sur l'engagement et le soutien communautaire, y compris des initiatives de financement participatif et des abonnements.

Les défis économiques de la presse africaine contemporaine sont complexes et multidimensionnels. La diminution des revenus publicitaires, les modèles économiques insoutenables, et l'accès inégal à Internet sont autant d'obstacles à la viabilité des médias. Cependant, en adoptant des approches innovantes et en diversifiant leurs sources de revenus, les médias africains peuvent naviguer dans ce paysage difficile. La protection de la liberté de la presse et le soutien à un journalisme de qualité sont essentiels à la démocratie et à la cohésion sociale en Afrique, et nécessitent une attention collective et soutenue.

Chapitre 10

Les Défis Culturels de la Presse Africaine Contemporaine

La presse africaine contemporaine évolue dans un contexte culturel riche et diversifié, mais elle est également confrontée à de nombreux défis culturels qui influencent sa capacité à remplir son rôle de manière efficace. Ces défis sont souvent interconnectés avec des considérations politiques, économiques et sociales. Ce chapitre explore en profondeur les principaux défis culturels auxquels la presse africaine est confrontée aujourd'hui.

1. Diversité Linguistique

L'Afrique est un continent d'une immense diversité linguistique, avec plus de 2 000 langues parlées dans ses différentes régions. Cette pluralité pose des défis significatifs pour les médias :

- *Langue de publication :* La majorité des médias écrits utilisent des langues coloniales, comme l'anglais, le français ou le portugais. Cela limite l'accès à l'information pour une grande partie de la population qui ne maîtrise pas ces langues. Par exemple, au Nigeria, bien que l'anglais soit la langue officielle, une grande partie de la population parle des langues locales comme le haoussa, le yoruba et l'igbo. Les informations cruciales transmises en anglais peuvent ainsi ne pas toucher ces audiences

- *Contenu localisé :* La création de contenu dans des langues locales est souvent entravée par un manque de ressources, de personnel qualifié et de financement. Les médias qui réussissent à produire du contenu dans ces langues peuvent atteindre un public plus large, mais cela nécessite un investissement en formation et en développement de ressources.

- *Inclusion et représentation :* Les médias doivent également veiller à représenter toutes les communautés linguistiques pour favoriser un sentiment d'inclusion. Cela peut impliquer non seulement la création de contenu dans des langues locales, mais aussi la mise en avant des cultures et des traditions associées à ces langues.

2. Normes Culturelles et Sensibilités

Les normes culturelles et les sensibilités sociales influencent fortement le travail des journalistes :

- *Tabous et sujets sensibles :* Dans de nombreuses cultures africaines, des sujets comme la sexualité, les droits des femmes, et les questions liées à l'orientation sexuelle peuvent être considérés comme tabous. Cela limite la capacité des médias à aborder des sujets cruciaux pour la société et à engager des discussions nécessaires. Par exemple, au sein de certaines communautés, parler ouvertement de violence domestique ou d'agressions sexuelles peut être perçu comme une atteinte à l'honneur familial.

- *Représentation des minorités :* Les médias doivent être vigilants quant à la représentation des minorités ethniques, religieuses et sexuelles. Souvent, ces groupes sont sous-représentés ou mal représentés, renforçant des stéréotypes négatifs et des préjugés. En ne donnant pas une voix égale à tous, les médias contribuent à perpétuer les inégalités sociales.

- *Influence des croyances et superstitions :* Les croyances traditionnelles et les superstitions jouent un rôle important dans de nombreuses sociétés africaines. Les journalistes doivent naviguer dans cet environnement complexe et respecter ces croyances tout en rapportant des faits. Cela nécessite une approche sensible et informée pour éviter d'offenser ou de provoquer des réactions négatives.

3. Influence des Traditions et Coutumes

Les traditions et coutumes locales présentent à la fois des défis et des opportunités pour les médias :

- *Rôle de la narration orale :* La tradition de la narration orale est profondément ancrée dans de nombreuses cultures africaines. Les médias peuvent bénéficier de cette tradition en intégrant des éléments narratifs dans leurs reportages, mais ils doivent également s'assurer que ces récits respectent et reflètent les valeurs culturelles locales. Par exemple, des programmes de radio et des documentaires qui utilisent des formats narratifs traditionnels peuvent capter l'attention d'un public qui préfère ces styles de communication.

- Conflit entre modernité et tradition : Alors que la modernité et la mondialisation influencent les valeurs et les comportements, il existe souvent une tension entre les jeunes, qui adoptent des idées modernes, et les générations plus âgées, qui défendent les valeurs traditionnelles. Les médias doivent être capables de traiter cette dynamique délicate pour engager les deux groupes sans aliéner l'un ou l'autre.

4. Pressions de la Censure Culturelle

La censure culturelle est un obstacle majeur pour la liberté de la presse :

- Censure gouvernementale : Dans certains pays, les gouvernements exercent des pressions sur les médias pour qu'ils respectent les normes culturelles dominantes. Des sanctions peuvent être imposées aux journalistes qui couvrent des sujets jugés inappropriés ou qui critiquent les autorités. Cette censure peut limiter le débat public et interférer avec le droit du public à l'information.

- Auto-censure : Face à des menaces de représailles, les journalistes peuvent choisir de s'auto-censurer. Cela peut entraîner une couverture biaisée ou incomplète des événements, nuisant aux normes éthiques du journalisme. Par exemple, des journalistes peuvent éviter de rapporter sur des manifestations pacifiques par peur de représailles de la part des forces de sécurité.

5. Évolution des Valeurs et Attentes Sociétales

Les changements rapides des valeurs et des attentes sociétales, particulièrement parmi les jeunes, créent des défis et des opportunités pour les médias :

- Conflit entre tradition et modernité : Les valeurs traditionnelles sont souvent remises en question par les idéaux modernes de liberté d'expression et d'égalité des droits. Les médias doivent naviguer dans ce paysage complexe, en trouvant des moyens de traiter des sujets qui résonnent avec une génération plus jeune tout en respectant les valeurs des générations plus âgées.

- Utilisation des nouveaux médias : L'essor des réseaux sociaux et

des plateformes numériques change la manière dont l'information est consommée. Les jeunes, en particulier, préfèrent les formats numériques et interactifs. Les médias traditionnels doivent s'adapter à ces nouvelles attentes en développant des contenus qui répondent aux préférences de consommation des jeunes générations.

6. Opportunités pour la Presse

Malgré ces défis, il existe des opportunités pour la presse africaine :

- *Créativité et innovation :* Les médias peuvent tirer parti de la diversité culturelle pour créer des contenus innovants célébrant les différentes identités et traditions. Par exemple, ils peuvent intégrer des éléments de la culture locale dans les reportages, comme la musique, l'art, et les traditions orales, pour toucher le public de manière authentique.

- *Engagement communautaire :* En développant des relations solides avec leurs communautés, les médias peuvent créer des modèles économiques basés sur l'engagement et le soutien communautaire. Cela inclut la mise en place de forums communautaires pour discuter des préoccupations locales et de l'importance d'une presse libre.

- *Éducation et sensibilisation :* Les médias ont l'opportunité de jouer un rôle éducatif en abordant des sujets culturels sensibles. Cela peut contribuer à réduire les stéréotypes et à favoriser la compréhension interculturelle. En fournissant une couverture équilibrée et nuancée des questions sociales, les médias peuvent promouvoir le dialogue et la compréhension entre différentes communautés.

Les défis culturels de la presse africaine contemporaine sont nombreux et complexes, allant de la diversité linguistique aux normes sociales et aux sensibilités culturelles. Pour que les médias puissent remplir leur rôle de manière efficace, ils doivent naviguer dans ces défis tout en cherchant à innover et à s'adapter aux attentes d'une société en évolution. En intégrant les voix et les expériences diverses de leurs communautés, les médias peuvent non seulement renforcer leur pertinence, mais aussi contribuer à un dialogue social constructif et inclusif. En fin de compte, la presse a le potentiel de devenir un véritable miroir des sociétés africaines, reflétant leurs réalités tout en stimulant le développement social et culturel.

CONCLUSION

À travers ce livre, nous avons examiné en détail l'évolution et les défis contemporains de la presse africaine, un secteur qui, bien que riche en potentiel, est confronté à une multitude d'obstacles. La lutte pour la liberté d'expression, qui a été le combat historique des journalistes africains, est désormais devenue une lutte plus large pour la justice, les droits de l'homme et la bonne gouvernance. Ce changement est non seulement nécessaire, mais essentiel pour le renforcement des démocraties africaines et la promotion d'une société civile engagée.

L'Importance de la Liberté de la Presse

La liberté de la presse est un droit fondamental, inscrit dans de nombreux instruments juridiques internationaux, tels que le Pacte international relatif aux droits civils et politiques. Elle est cruciale pour garantir la transparence, la responsabilité et l'accès à l'information. Les journalistes ont la responsabilité de tenir les pouvoirs publics responsables, de dénoncer les abus et de jouer un rôle de chien de garde dans la société. Cependant, cette liberté ne peut être pleinement réalisée que si des mesures concrètes sont mises en place pour protéger les journalistes et garantir leur sécurité. Les gouvernements doivent respecter leurs engagements en matière de droits humains et créer un environnement où la presse peut opérer sans crainte d'intimidation ou de répression.

Complexité des Enjeux Sociaux

Les enjeux sociaux auxquels la presse africaine doit faire face sont de plus en plus complexes. La montée des mouvements populaires exige une couverture médiatique approfondie et nuancée. Les journalistes ne peuvent plus se limiter à rapporter les faits ; ils doivent également contextualiser les événements, examiner les causes sous-jacentes des injustices et donner la parole à ceux qui sont souvent marginalisés dans le débat public. La capacité des médias à relayer ces voix est essentielle pour favoriser le dialogue et la compréhension entre différentes communautés et pour encourager la solidarité autour des luttes communes.

Un Rôle Proactif pour les Médias

La presse doit également adopter un rôle proactif dans la promotion des droits de l'homme et de la bonne gouvernance. Cela passe non seulement par l'enquête sur les abus, mais aussi par l'éducation des citoyens sur leurs droits et les mécanismes de recours disponibles. Les médias ont un rôle de sensibilisation à jouer dans la lutte contre les inégalités, la discrimination et les violences de genre. En utilisant des formats accessibles et engageants, ils peuvent transformer l'information en un outil de mobilisation sociale, incitant les citoyens à s'engager activement dans la défense de leurs droits.

L'Adaptation aux Nouvelles Technologies

Avec l'essor des technologies numériques, la manière dont l'information est diffusée a changé de manière spectaculaire. Les médias africains doivent s'adapter à ces nouvelles réalités tout en conservant leur intégrité journalistique. Les journalistes doivent être formés pour naviguer dans un paysage médiatique qui est à la fois une opportunité et un défi. L'utilisation des réseaux sociaux, des podcasts et d'autres plateformes numériques offre des moyens novateurs de toucher des publics diversifiés, mais cela nécessite également une vigilance face à la désinformation qui peut se propager rapidement. La capacité à vérifier les faits et à fournir des analyses rigoureuses sera cruciale pour maintenir la confiance du public dans la presse.

Le Soutien Sociétal et Institutionnel

Pour que la presse puisse véritablement jouer son rôle d'agent de changement, il est essentiel qu'elle bénéficie d'un soutien adéquat. Les gouvernements, les organisations internationales et les ONG doivent travailler ensemble pour créer un environnement favorable à la liberté d'expression. Cela inclut l'élaboration de lois qui protègent les journalistes, la mise en place de programmes de formation, et l'octroi de subventions pour soutenir le journalisme d'investigation. La collaboration entre les médias et la société civile est également cruciale pour renforcer l'impact des initiatives de défense des droits.

En somme, la presse africaine est à un tournant décisif de son histoire. Elle doit s'affirmer comme une voix essentielle dans la lutte pour les droits humains, la justice sociale et la bonne gouvernance. Ce combat nécessite non seulement des journalistes courageux et engagés, mais aussi un écosystème de soutien qui favorise la liberté d'expression et respecte les droits fondamentaux. Les défis sont nombreux, mais ils ne sont pas insurmontables. Avec engagement, innovation et solidarité, la presse peut jouer un rôle clé dans la construction d'une Afrique meilleure, où la justice, l'égalité et la dignité humaine sont au cœur des priorités collectives. L'avenir de la presse est celui d'un instrument de transformation sociale, capable de faire jaillir la vérité et de conduire à des changements significatifs dans les sociétés africaines.

L'ouvrage *La Presse Africaine : de la liberté de la Presse à la Presse de la liberté* explore le rôle fondamental de la presse en Afrique dans la lutte pour la liberté et la justice sociale. Il retrace son évolution depuis la décolonisation jusqu'à son rôle actuel en tant que défenseur des droits. Le livre souligne l'importance d'une presse libre et responsable qui donne une voix aux marginalisés et incite au changement social.

Il aborde également les défis contemporains tels que la répression et la désinformation, tout en mettant en avant la persistance des journalistes à défendre la justice sociale et les droits de l'homme. L'ouvrage conclut par un appel à un engagement collectif pour soutenir une presse libre, essentielle à la démocratie et à la transparence, et appelle à unir les efforts de gouvernements, de la société civile et des médias pour garantir un climat respectueux de la liberté de la presse.

ASIE Dominique de Marseille est né à EWO en République du Congo.

Titulaire d'une licence en Sciences et Techniques de la Communication, option journalisme, il fonde et dirige les journaux *LE CHOC* en 1991 et *LE CONGOLAIS RÉVOLTE* en 1993. Ensuite, il travaille à la Radiodiffusion Nationale et à la Télévision nationale comme chroniqueur politique.

Au plan international, il est membre de plusieurs organisations de communication.

Depuis 2019, **ASIE Dominique de Marseille** est membre du Conseil Supérieur de la Liberté de Communication et assume les fonctions de rapporteur de la Commission chargée de l'Ethique et de la Déontologie.

I want morebooks!

Buy your books fast and straightforward online - at one of world's fastest growing online book stores! Environmentally sound due to Print-on-Demand technologies.

Buy your books online at
www.morebooks.shop

Achetez vos livres en ligne, vite et bien, sur l'une des librairies en ligne les plus performantes au monde!
En protégeant nos ressources et notre environnement grâce à l'impression à la demande.

La librairie en ligne pour acheter plus vite
www.morebooks.shop

Printed by Books on Demand GmbH, Norderstedt / Germany